张立乾 著

Study on Engineering Design of
Special Road and Bridge in Test Field

试验场特种路桥
工程设计研究

北京理工大学出版社
BEIJING INSTITUTE OF TECHNOLOGY PRESS

内 容 简 介

本书由特种桥梁、特种道路和火箭滑橇高速试验滑轨三部分研究内容组成。特种桥梁探讨了开启桥、超大跨度 T 梁桥、快速架设缆索支撑桥梁、体外预应力加固、快速架设充气式桥梁、山地缆车平台等方面的内容,不同于一般的桥梁,有一定的特殊性;特种道路探讨了风积沙筑路、软基加固、沙漠戈壁筑路、嵌锁式加筋挡土墙、特载道面、危岩加固、装配式预应力高性能路面、倒刺锚杆等方面的内容,也不同于一般的道路,有一定程度的创新;火箭滑橇高速试验滑轨探讨了动态威力试验技术体系的构成、橇轨耦合作用规律、气动效应作用影响等诸多问题,可为同类研究提供些许参考借鉴。

本书可供从事公路桥梁设计研究的技术人员交流参考,也可为从事相关领域研究的人员学习借鉴。

版权专有　侵权必究

图书在版编目(CIP)数据

试验场特种路桥工程设计研究 / 张立乾著. -- 北京：北京理工大学出版社,2021.9
ISBN 978-7-5763-0338-4

Ⅰ. ①试… Ⅱ. ①张… Ⅲ. ①公路桥-桥梁设计-研究 Ⅳ. ①U448.142.5

中国版本图书馆 CIP 数据核字(2021)第 185585 号

出版发行 /	北京理工大学出版社有限责任公司
社　　址 /	北京市海淀区中关村南大街 5 号
邮　　编 /	100081
电　　话 /	(010)68914775(总编室)
	(010)82562903(教材售后服务热线)
	(010)68944723(其他图书服务热线)
网　　址 /	http://www.bitpress.com.cn
经　　销 /	全国各地新华书店
印　　刷 /	北京地大彩印有限公司
开　　本 /	787 毫米 × 1092 毫米　1/16
印　　张 /	14.5
字　　数 /	320 千字
版　　次 /	2021 年 9 月第 1 版　2021 年 9 月第 1 次印刷
定　　价 /	110.00 元

责任编辑 / 陈莉华
文案编辑 / 陈莉华
责任校对 / 刘亚男
责任印制 / 李志强

图书出现印装质量问题,请拨打售后服务热线,本社负责调换

前　言

作者1998年从湖南大学毕业后一直从事道桥工程及相关领域的研究工作，至今已有24年，学习研究的足迹遍布祖国的东西南北，有穿越茫茫戈壁的专用公路、翻越崇山峻岭的国防要道，有满足特殊工艺要求的特种道路工程、特种轨道工程，等等。工作之余，学习思考成为一种职业习惯，将平时工作中的所思、所想、所获加以总结、提炼、升华，便形成了本书的各个章节，虽然学术深度不是很深，却是作者亲历的思考实践。

全书内容虽从总体上属于道桥工程研究的范畴，但突出一"特"字，具体表现为三部分：第一部分为特种桥梁，探讨了开启桥、超大跨度T梁桥、快速架设缆索支撑桥梁、体外预应力加固、快速架设充气式桥梁、山地缆车平台等方面的内容，不同于一般的桥梁，有一定的特殊性；第二部分为特种道路，探讨了风积沙筑路、软基加固、沙漠戈壁筑路、嵌锁式加筋挡土墙、特载道面、危岩加固、装配式预应力高性能路面、倒刺锚杆等方面的内容，也不同于一般的道路，有一定程度的创新；第三部分探讨了动态威力试验平台工程——火箭滑橇工程，国内目前尚没有介绍该领域的专业书籍，是本书一个特色。

谨以此书献给亲爱的老师、前辈、同事和朋友们，献给参加工作以来给予我方方面面关怀关爱的各级领导们，献给养我育我给我人生舞台的单位，献给我所有的亲人们！

参与编写的同志有陈红、闫晶、李兵、吴星、孟良、郭宏云、冯中华、贾佳、田海姣、季会媛、沈兵、陈暲、王纳。

感谢北京交通大学高日教授、时瑾教授、陈向东教授，北京工业大学邓宗才教授，中国矿业大学何满潮教授团队，中冶建筑研究总院有限公司张明波教授级高工，南京理工大学陶钢教授、中国文化遗产研究院李宏松、葛川研究员等长期的支持与协作，感谢他们为本书部分研究内容提供的合作与帮助。

在此抛砖引玉，欢迎读者对本书提出指正意见，有关本书的问题及意见，请发至847220673@qq.com邮箱。

作　者

目　录

第1章　特种桥梁工程技术 ··· 001

　1.1　开启桥 ··· 003

　　　1.1.1　开启桥设计特点 ·· 003

　　　1.1.2　开启桥的开启方式 ·· 004

　　　1.1.3　开启桥工程案例——北京朝阳公园欧陆风韵开启桥 ····················· 004

　　　1.1.4　小结 ·· 009

　1.2　超大跨度简支T梁桥 ··· 009

　　　1.2.1　工程概况 ·· 009

　　　1.2.2　T梁关键设计参数 ··· 010

　　　1.2.3　T梁关键设计因素 ··· 011

　　　1.2.4　小结 ·· 015

　1.3　一种轻型、快速架设的缆索支撑桥梁结构体系 ······································· 016

　　　1.3.1　结构体系的设计理念 ·· 017

　　　1.3.2　结构体系受力分析与验证 ·· 020

　　　1.3.3　小结 ·· 032

　1.4　跨海重轨桥梁选型及结构体系研究 ·· 032

　　　1.4.1　水文条件 ·· 032

　　　1.4.2　跨海桥梁选型研究 ·· 034

　　　1.4.3　转运轨道桥梁整体刚度初步分析 ·· 038

　　　1.4.4　关于梁体承受波浪作用力可能性讨论 ·· 039

　　　1.4.5　小结 ·· 040

1.5 山地缆车平台工程设计研究 ································· 040
　　1.5.1 工程特点 ································· 041
　　1.5.2 设计思路 ································· 041
　　1.5.3 小结 ································· 046
1.6 碳纤维旧桥加固技术 ································· 046
　　1.6.1 旧桥简介 ································· 046
　　1.6.2 加固方案 ································· 048
　　1.6.3 桥梁检测 ································· 048
　　1.6.4 检测结果分析 ································· 048
　　1.6.5 小结 ································· 053
1.7 悬链线空腹拱拱轴系数计算程序的编制及应用 ································· 053
　　1.7.1 基本原理 ································· 053
　　1.7.2 程序设计 ································· 055
　　1.7.3 工程实例 ································· 057
　　1.7.4 小结 ································· 058
1.8 一种快速架设的充气式桥梁结构研究 ································· 058
　　1.8.1 充气式桥梁结构体系 ································· 059
　　1.8.2 充气式桥梁结构体系承载性能研究 ································· 060
　　1.8.3 小结 ································· 066
1.9 体外预应力加固技术 ································· 066
　　1.9.1 基本计算原理 ································· 066
　　1.9.2 工程案例——某基地 3 号铁路桥加固 ································· 067
　　1.9.3 小结 ································· 070
1.10 桥梁选型的灵活性设计 ································· 070
　　1.10.1 灵活性设计基本概念 ································· 070
　　1.10.2 几个例子 ································· 071
　　1.10.3 小结 ································· 072

第 2 章　特种道路工程技术 ································· 073

2.1 风积沙在筑路中的合理应用 ································· 075
　　2.1.1 风积沙的特性 ································· 075
　　2.1.2 风积沙的应用 ································· 076
　　2.1.3 小结 ································· 078
2.2 软基加固技术 ································· 078
　　2.2.1 土工格栅复合反滤土工布用于处理路基软基 ································· 078
　　2.2.2 一种基于流固耦合理论处理超软地基的工程方案研究 ································· 086
　　2.2.3 桩网复合格栅处理软基技术——以宁波赛车场国际赛道软基
　　　　　处理为例 ································· 095

	2.2.4 小结	100
2.3	沙漠戈壁区筑路技术	101
	2.3.1 工程概况	101
	2.3.2 路基及排水设计	102
	2.3.3 桥涵及排水设计	104
	2.3.4 小结	109
2.4	嵌锁式面板加筋挡土墙结构分析及创新应用	113
	2.4.1 纯土台、不加筋嵌锁式、不加筋非嵌锁式挡土墙承载力对比	114
	2.4.2 加筋嵌锁式挡土墙、加筋非嵌锁式挡土墙承载能力分析	118
	2.4.3 工程实践	122
	2.4.4 小结	125
2.5	特载作用下的水泥混凝土道面承载能力研究	126
	2.5.1 基本条件	126
	2.5.2 道面承载能力分析	127
	2.5.3 道面加设钢垫板承载力验算	132
	2.5.4 小结	134
2.6	危岩体加固技术研究	134
	2.6.1 工程概况	134
	2.6.2 危岩现状及成因分析	135
	2.6.3 危岩体稳定分析	136
	2.6.4 危岩体加固对策	137
	2.6.5 危岩体加固工程设计	139
	2.6.6 小结	142
2.7	一种新型的装配式高性能预应力混凝土道面板承载性能研究	142
	2.7.1 装配式预应力高强混凝土路面结构构造	142
	2.7.2 装配式预应力高强混凝土路面结构分析	144
	2.7.3 小结	150
2.8	一种新型倒刺锚杆创新研究	151
	2.8.1 倒刺锚杆结构构造	151
	2.8.2 倒刺锚杆承载性能研究	152
	2.8.3 小结	159
2.9	加筋挡土墙应用技术研究	159
	2.9.1 加筋挡土墙机理	160
	2.9.2 加筋挡土墙设计理念——以某工程为例	160
	2.9.3 小结	165

第3章 火箭滑橇高速试验滑轨技术

3.1 高速试验滑轨工程设计 ... 171

　　　　3.1.1　试验滑轨子系统 ……………………………………………… 172
　　　　3.1.2　滑轨承载梁子系统 …………………………………………… 175
　　　　3.1.3　高精度测量子系统 …………………………………………… 177
　　　　3.1.4　小结 …………………………………………………………… 181
　　3.2　滑橇高速运动动态效应与滑轨平顺度的关系研究 ………………… 182
　　　　3.2.1　动力学问题的基本控制方程 ………………………………… 182
　　　　3.2.2　橇轨有限元模型 ……………………………………………… 183
　　　　3.2.3　计算结果与分析 ……………………………………………… 185
　　　　3.2.4　小结 …………………………………………………………… 189
　　3.3　橇轨气动力学性能研究 ……………………………………………… 191
　　　　3.3.1　计算流体动力学理论基础 …………………………………… 191
　　　　3.3.2　滑橇气动特性数值模拟 ……………………………………… 194
　　　　3.3.3　滑橇气动荷载分析 …………………………………………… 207
　　　　3.3.4　小结 …………………………………………………………… 209
　　3.4　橇轨动力效应影响因素研究 ………………………………………… 210
　　　　3.4.1　高速滑轨结构 ………………………………………………… 210
　　　　3.4.2　橇轨动力分析模型 …………………………………………… 211
　　　　3.4.3　监测点及影响因素正交试验设计 …………………………… 214
　　　　3.4.4　正交试验设计结果分析 ……………………………………… 216
　　　　3.4.5　小结 …………………………………………………………… 218

参考文献 …………………………………………………………………………… 219

第 1 章

特种桥梁工程技术

本章结合工程实践,研究探讨了开启桥、大跨度拱桥、超大跨度简支梁桥、缆索支撑桥梁、刚架拱桥、旧桥加固、跨海桥梁选型、山地缆车平台等系列工程技术。

1.1 开启桥

1.1.1 开启桥设计特点

开启桥是一种部分跨径和桥面或全桥跨结构和桥面可以按桥下通航净空要求移动的桥梁，必须具有跨越、通行的功能，但通行功能是阶段性的。桥上桥下通行需求取得平衡是设置开启桥的先决条件，动静形态的结合是其桥梁建筑设计的最大特点。

开启桥设计主要需具备以下特点：

(1) 桥上与桥下通行需求矛盾的统一体。

设置开启桥不是桥梁建筑造型的需要，而是环境或经济条件限制了桥头引道的高度，致使桥面高程受限，然而桥下通航净空高度要求超过了限制值，因此为保证桥上通行和桥下通航，采用开启桥构建桥上通行与桥下通航需求矛盾的统一体。

(2) 关闭状态与开启状态的结合体。

开启桥的关闭状态按其功能而言就是一般的桥梁，各种桥型的各组成部分发挥其承载、跨越结构构件的作用。开启桥处于开启状态的时候，各结构构件又能成为开启桥跨的支撑部件，这就要求开启方式及状态应与关闭状态时的结构形式相协调，保持各结构构件均能发挥作用。

(3) 桥梁建筑静态美与动态美的综合体。

开启桥的建筑形象是变动的，变动的全过程是一个循环：关闭静态—动态（开启）—开启静态—动态（关闭）—关闭静态。静态与动态形象不同，关闭静态与开启静态的形象也是不同的，因而开启桥是多种形象的综合体。

(4) 张扬个性的视觉审美中心。

开启桥建成后必然具有在整体景观环境中引人注目、成为视觉审美中心的效果。张扬个性、具有戏剧性的形态变化，吸引视线，自成一景，理所当然成为所在地区突出的标志性建筑物。

1.1.2　开启桥的开启方式

按照开启部分的桥路结构的移动方式分类，可分为四大类：第一类是桥路结构和桥面在桥轴线所在竖直平面内移位（包括水平移位和转动移位）；第二类是桥跨结构和桥面顺桥纵向轴线方向移位（包括折叠移位和伸缩移位）；第三类是桥跨结构和桥面在桥轴线所在水平面内旋转；第四类则是桥跨结构和桥面整体的旋转面垂直于纵向桥轴线。开启动力有：蒸汽机、水压机、绞盘与杠杆、液压千斤顶等。

1.1.3　开启桥工程案例——北京朝阳公园欧陆风韵开启桥

1.1.3.1　欧陆风韵开启桥的由来

欧陆风韵开启桥是笔者设计的第一座园林式桥梁，该桥位于北京朝阳公园内欧陆风韵主体建筑群中。连通昆运河的人工运河引至此处，并在欧陆风韵主体建筑前形成一人工湖泊。根据建设单位的整体规划，此处将建成一组集休闲、娱乐、观赏为一体且具有欧陆风情主题的多功能建筑群。人工河引至此处，隔断了河两岸的交通。为了实现东西区域的连通，修建一座桥是必然选择。这就是建造该桥的由来。

1. 景观要求

桥址处于较为特殊的地理环境中，桥梁的景观造型便成为关注的焦点，既要求与主题建筑和谐统一，又要求具有较典型的欧式建筑风格。

2. 开启的由来

根据建设单位的远景规划，将来在这条人工河中会有游船从桥下经过，因此桥下必须有足够的净空（4.5 m），而桥位两岸的岸边距水面只有 0.7 m，且河岸两侧地势平坦。如果建造一座固定桥梁，势必起拱以抬高桥面，而桥位和主体建筑相距仅 45 m，河岸垂直距离仅 22 m，如在这样一个相对狭小的空间起拱 4.5 m，不但会造成建筑物本身比例失调，而且还会破坏与周围建筑群的相互关系。另外起拱过高还会给通行的车辆带来困难。经过充分分析论证建造固定桥梁是不可行的，由此，提出了开启桥的设计思路。又经过对游船通行量和桥上通车量的对比论证，最终确定了开启桥方案。

1.1.3.2　欧陆风韵开启桥的选型

在对比了诸多开启桥的开启方式后，基于美学感受、实现难易、造价经济等诸多因素的考量，最终拟定了两个方案，其效果图如图 1-1-1 所示。

从效果图不难看出方案一的开启桥与作为背景的主体建筑能较好地吻合，既带有欧洲古典浪漫气息，又不失现代建筑的轻灵与智慧。方案二开启桥造型虽新颖独特，现代气息较浓，但处在古典气息较浓的背景建筑中，似有突兀之嫌。最终选定方案一为设计方案。

(a)　　　　　　　　　　　　　　　　　(b)

图1-1-1　欧陆风韵开启桥设计方案

(a) 方案一；(b) 方案二

1.1.3.3　结构设计与开启功能的实现

方案一中开启桥的开启方式最易实现的是垂直竖向开启。开启时，上部桁架拱可以作为下部桥面结构的承重结构，垂索可以作为上桁架与下箱梁之间的传力结构。不开启时桥面部分可以有和上部钢桁架发生关系和不发生关系两种处理方式。发生关系是指联系于钢桁架和桥面之间的垂索参与桥面结构一同受力承受桥体自重和桥面移动活载；不发生关系指桥体本身承受桥面活载。两种处理方式各有优缺点，发生关系的优点是结构受力的效率较高，桥面部分可以减小结构高度，从而使结构较为轻盈，缺点是结构为多次超静定，受力不明确；不发生关系的优点是结构受力明确，桥梁各部位功能划分明确，桥面结构相对刚度较大，起吊功能较易完成，缺点是结构利用率相对较低，桥面结构高度较大。但考虑到该桥活载较小（通行10 t以下车辆和行人），在保证结构安全的前提下，尽量减小桥体结构高度是可行的，同时考虑到起吊的难度和可靠性的保证，最终采取了不发生关系的处理方式。

人工河宽22 m，如果桥面全部开启，那么一来起吊的重量势必加大，二来按通行游船最大宽度为6 m考虑，全部开启也没有必要，最终确定中间开启10 m。中间开启部分应该在开启时能和主体结构断开，关闭时应该能和主体结构连续受力，设计中采用牛腿实现这一功能。由于采用了牛腿，两侧桥梁结构为悬臂箱梁结构。考虑到结构造型及结构受力的特点，将悬臂结构的结构高度设计成变截面，顶底面采用不同半径的圆弧曲线，以达到起拱和美观的目的。开启结构示意图如图1-1-2所示。

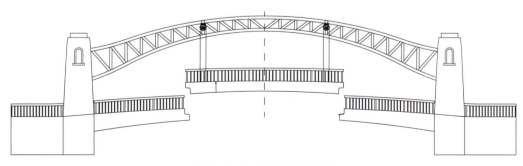

图1-1-2　开启结构示意图

钢箱梁通过系于上部钢桁架的钢索完成开启运动，钢桁架相当于一个"龙门架"，作为开启时的主要承力结构。不开启时钢桁架自重所产生的拱脚水平推力可以平衡一部分悬臂结构所产生的不平衡力。系于钢桁架和钢箱梁之间的垂索通过藏身于桥头堡下面的卷扬设备牵引。钢箱梁的垂索吊点共四个，为了使升降运动平稳，需要四个吊点尽可能同步，设计上采用四个吊点的钢索共用一个卷筒的办法，这样一个卷筒同时带动四个吊点的钢索同时运动，以达到刚性同步。为了减小电机的功率和钢索的直径，在垂索的上吊点（钢桁架）和下吊点（钢箱梁）都采用了滑轮组，通过滑轮组的利用使得单根绳索的受力变为原来的六分之一。在东桥头堡内设置了牵引索，通过它可以保证在刚性同步的同时，桁架受力对称。同时它还具有调节每根钢索松紧的功能。

开启设备主要包括卷筒、变阻箱、电机、滑轮组、钢索、限位器及控制开关等八部分，卷筒、变阻箱和电机放置在西桥台内部设置的空箱内。控制开关位于西桥头一侧桥头堡的内侧，这样当有游船经过时，操作人员便可以通过控制开关实现开启。

钢箱梁的牛腿和悬臂混凝土箱梁的牛腿应能较好地吻合。一方面通过精确的设计和精度严格的施工使得结构尺寸能够较好吻合；另一方面通过设置于二者之间的卡位装置将吊起的钢箱梁精确就位。同时卡位装置还兼有抗震挡块的作用。

开启桥的开启方式很多，但具体方案会受到实际地理环境、功能要求、景观要求以及工程造价等诸多因素的影响与制约，必须经过缜密的思考、严格的比选才能确定最切合要求的方案。欧陆风韵开启桥的开启方式具有开启快捷、操作简单的特点。同时开启方式达到了结构造型美观的要求，充分利用了结构受力特点，减少了平衡配重，提高了结构的利用效率。

1.1.3.4 结构受力分析

欧陆风韵开启桥是一座可同时满足桥上通车、过人，桥下通航，又和周围主体建筑和谐统一的景观桥。为了实现该桥的这些功能，必须使其结构具有足够的强度、刚度和稳定性。全桥结构主体由三大部分组成：①钢桁架，主要承担吊起开启跨；②梁体，包括中部开启跨和两侧两个悬臂边跨；③桥塔及桩基基础。

1）钢桁架拱的受力及稳定分析

钢桁架拱的作用有两个，首先是作为吊起钢箱梁的支撑，起到"龙门架"的作用；其次是利用拱自重产生的拱脚水平推力平衡大部分混凝土悬臂梁所产生的不平衡力矩（相对于承台基础顶面而言）。

由于该桥设计于2001年，当时利用空间梁单元对钢桁架受力的两种工况进行的受力及稳定分析，一种工况考虑四个吊点均匀受力［每个吊点承受8 tf（1 tf = 9.8 × 10^3 N）］，另一种工况考虑某一吊点拖空，该侧另一吊点承受全部荷载（16 tf），这种工况在结构调试状态下可能存在。对拱桁架静力分析表明，受力最大的杆件出现在第二种工况下弦杆的拱脚，最大值为45 kN，对应的截面压应力为55 MPa。而上弦杆的拱脚受力较小。在第一种工况作用下，结构跨中下挠5.6 mm，由此可见结构的强度和刚度均满足要求。

《公路钢筋混凝土及预应力混凝土桥涵设计规范》（简称《桥规》）规定：对于拱肋宽跨比小于1/20的拱桥，必须进行施工及成桥阶段拱的面内、面外稳定承载力验算，规定拱肋失稳临界水平推力 H_{cr} 与拱弹性阶段最大水平力 H 之比 $K>4.5\sim5$，以保证结构的稳定安全。为此，对钢桁架进行稳定分析，其结构模型和相应的失稳模态如图 1-1-3 所示。一般钢结构失稳为极值点失稳，计算出结构的荷载乘子 K（稳定系数）为 8.35，即结构在设计荷载 8.35 倍的荷载作用下出现失稳。失稳模态为向外弯曲失稳。稳定分析说明结构稳定性满足要求，且面内刚度大于面外刚度，由此看出两片钢桁架拱加强横向联系的必要性。设计上通过横向等间距设 5 道桁架来保证纵向拱片之间有足够的强度和刚度。

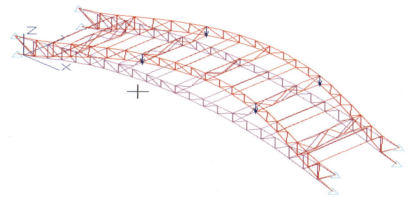

图 1-1-3 结构失稳模态图

2）悬臂箱梁受力分析

之所以采用箱梁，是因为其结构整体性能好，抗扭能力大。纵向采取变高度以适应结构受力，同时减小结构自重。端部形成牛腿以承接开启跨钢箱梁。箱梁横截面如图 1-1-4 所示。鉴于非对称荷载（偏载）的作用，箱梁的三条肋应考虑荷载横向分布的影响。截面受力在非对称荷载作用下可以分解为两种力：一种是只产生竖向弯曲的竖向垂直力，另一种是使结构产生扭转的扭矩。扭矩产生的结构扭转又分为自由扭转和约束扭转。自由扭转只产生截面剪应力，约束扭转除产生截面剪应力外，还产生翘曲正应力。但对于混凝土桥梁结构而言，理论计算和试验均证明，截面翘曲所产生的正应力与按自由扭转理论计算得出的应力相比很小，通常误差不超过 5%~10%。一般按自由扭转理论分析进行设计可满足要求。因此两个边肋的荷载横向分布系数按照式（1-1-1）计算如下：

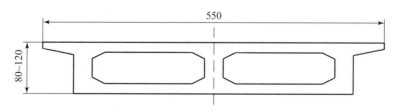

图 1-1-4 箱梁横截面（单位：cm）

$$\eta = \frac{\frac{Q}{3} + \frac{M_T}{2A}H}{Q} = 0.412 \qquad (1-1-1)$$

式中 Q——计算截面总剪力；

M_T——计算截面总扭矩;

A——计算截面中线所围的平均面积;

H——平均梁高。

将横向分布系数乘以截面总剪力和总弯矩即为边肋的设计剪力和弯矩值;中肋可偏安全地取用边肋的横向分布系数计算值。

3) 钢箱梁(开启孔)受力分析

利用板单元建立箱形梁的计算模型如图 1-1-5 所示,分析其结构在正常运营状态下的变形和应力。在此重点关注牛腿及腹板的应力和结构在正常使用荷载作用下的挠度。图 1-1-6、图 1-1-7 分别为牛腿和箱梁腹板在正常使用荷载作用下的最大主应力等值线图,最大主拉应力为 59.1 MPa。箱梁自重和外载作用下的最大下挠仅为 1.5 mm,由此可见箱梁的竖向刚度较大。

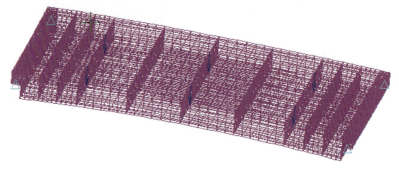

图 1-1-5 箱梁计算模型

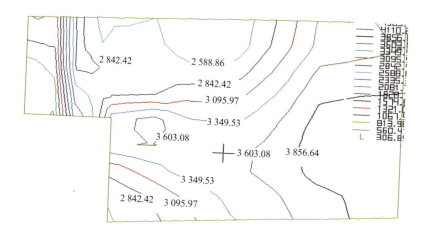

图 1-1-6 牛腿最大主应力等值线图 (单位:10 kN/m²)

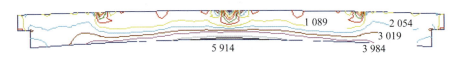

图 1-1-7 箱梁腹板最大主应力等值线图 (单位:10 kN/m²)

4）桩基受力及变位分析

基础在开启状态下为最不利受力状态。利用桩基有限元分析程序对群桩进行受力分析。该有限元分析程序建立在三个基本假定的基础上，即桩侧土的地基系数与地基基础成正比、桩身连续和承台为刚性体。在最不利工况下承台顶最大侧向水平位移为 4.48 mm，相应的竖向位移为 1.6 mm，转角为 2.88′，均在规范允许范围之内。

由于该桥的跨度和桥面宽度较小，钢桁架拱的非线性稳定、混凝土悬壁箱梁和吊孔钢箱梁的约束扭转应力和畸变应力均不突出，故未做具体分析。设计时依靠经验系数，做了较为保守的考虑。该桥现已顺利竣工，不但造型美观，而且开启时快捷自如，实践证明了该桥设计的合理性和正确性，成桥图如图 1-1-8 所示。

图 1-1-8　欧陆风韵开启竣工照

1.1.4　小结

开启桥梁兼具静态美和动态美，动静结合自成一景。为实现开启功能，需要桥梁专业和机械自控专业结合，在满足桥梁承载安全的同时，确保实现开启的安全可靠。

1.2　超大跨度简支 T 梁桥

建设跨度长达 53.28 m 的等截面 T 梁桥在国内尚属首次。由于纵向施加的预应力很大，加之梁体超长，纵向稳定问题较为突出。该桥采取了主梁、横隔板整体现浇形成梁格体系，然后以同步、对称张拉的设计理念来提高梁体张拉的稳定性。为了掌握张拉过程中梁体受力和支撑条件的变化规律，进行了张拉全过程施工分析。同时关注了整体张拉过程中由于边、中主梁的截面特性微小差异导致横隔板弯曲应力问题，进而采取构造措施释放了集中应力。该桥的成功经验可为同类桥梁的施工建设提供借鉴意义。

1.2.1　工程概况

宁波赛车场是铭泰集团首个国内赛车场工程，选址于宁波市北仑区春晓镇，占地

3 000亩①。依据赛道工艺布局图,赛车场主进场路需要同时上跨多条赛道,且中间不能设置桥墩,一次需要跨越的距离长达53.28 m。经过多方案比选,预应力混凝土简支T梁以造价最低、施工便捷的综合优势超越了简支箱梁和下承式钢管拱等方案,被业主接受和采纳。方案的平面、立面布置图如图1-2-1所示。

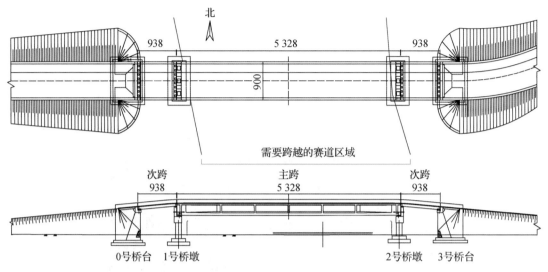

图1-2-1 跨赛道T梁桥平面、立面布置图(单位:cm)

1.2.2 T梁关键设计参数

单孔跨度长达53.28 m的简支T梁在国内尚属首次设计,可以依据和借鉴的资料很少。为此设计人员在初拟T梁几何尺寸的基础上,采取优化截面几何参数和调整预应力索力相结合的方法,经过反复试算,最终确定了科学合理的截面布置形式和配索方案。截面布置图如图1-2-2所示。设计荷载为公路Ⅰ级。

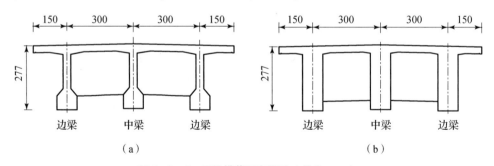

图1-2-2 T梁横截面布置图(单位:cm)
(a) 跨中横断面;(b) 支点横断面

桥面全宽9 m,横向布置3道T梁,T梁横向间距3 m,梁高2.8 m,T梁中部腹板宽0.35 m,于$\frac{1}{6}L$(L为主跨跨度)和$\frac{5}{6}L$变宽至端部0.9 m,顶板中部厚度0.3 m,根部厚

---

① 注:1亩≈666.67平方米。

度0.4 m；纵向布设7道横隔板，两端部横隔板间距9.7 m，中部横隔板间距8 m。单道T梁布置8根1860级19-φ15.24钢绞线，如图1-2-3、图1-2-4所示。

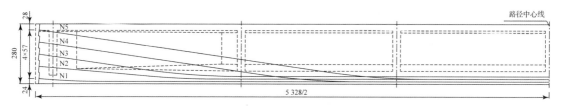

图1-2-3 T梁预应力纵向布置图（单位：cm）

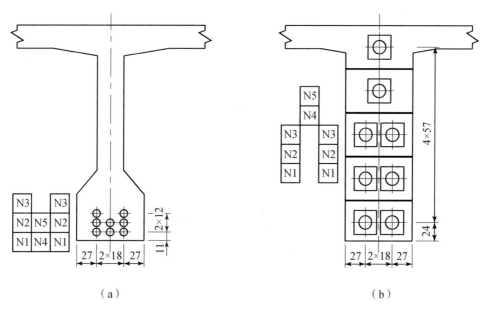

图1-2-4 T梁预应力横向布置图（单位：cm）

（a）跨中；（b）端部

1.2.3 T梁关键设计因素

1.2.3.1 T梁施加纵向预应力梁体失稳的考虑

为满足T梁极限承载能力状态和正常使用极限状态的要求，T梁所施加的纵向预应力很大，单道T梁布置8根1860级19-φ15.24钢绞线所对应的纵向预应力合力达到了3 000 t，而单根T梁的横向刚度相对于竖向刚度而言是非常弱的，在强大的纵向预应力钢束作用下，其横向屈曲稳定性是值得怀疑的。为此，建立了T梁计算模型，如图1-2-5所示。首先分析了单T梁在预加应力作用下的稳定问题，第一阶屈曲失稳模态如图1-2-6所示，为水平向外侧弯，对应的第一阶弹性屈曲稳定系数为3.22，小于《桥规》推荐的4~5的临界系数，可见单T梁的横向稳定性不能满足要求。

 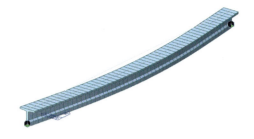

图1-2-5 单T梁施加预应力作用　　　　图1-2-6 单T梁在预加应力作用下的屈曲失稳模态

鉴于此，采用单T梁预制张拉预应力后吊装拼装的施工方案因存在张拉预应力时梁体横向失稳的风险而只能放弃。进一步分析不难发现，提高单T梁的横向稳定性是解决问题的关键所在，由此想到3道T梁整体现浇、同步分批张拉预应力的方案。该方案基于3道T梁形成空间梁格体系，从而显著提高T梁横向稳定性能的理念，整体空间模型如图1-2-7所示，屈曲稳定分析表明，3道T梁整体形成的梁格体系在同步张拉时第一阶弹性空间屈曲模态为竖向屈曲，如图1-2-8所示，对应的第一阶弹性屈曲稳定系数为6.91，大于《桥规》推荐的4~5的临界系数，整体稳定性满足要求。鉴于以上分析，该桥为了确保张拉预应力过程中梁体的稳定性，采取了3道T梁在满堂红脚手架上整体浇筑、整体同步张拉的施工方案。

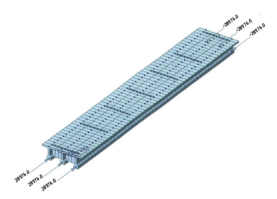 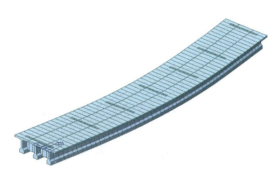

图1-2-7 T梁梁格施加预应力作用　　　　图1-2-8 T梁梁格在预加应力作用下的屈曲失稳模态

1.2.3.2 T梁分批张拉预应力全过程模拟

由于采用3道T梁整体现浇、同步分批张拉预应力钢束的施工方案，那么无论是在T梁浇筑施工过程中还是在分批张拉预应力钢束过程中，满堂红脚手架都必须提供稳定安全的支撑，为了验证满堂红脚手架在整个施工期间的安全可靠性，建立T梁的施工分析计算模型进行可靠性验算，首先计算了每根满堂红脚手架轴向线刚度，按照位置对应关系向从属的梁体节点转化为节点弹性支撑，采用了计算软件中只受压不受拉边界元，该边界元自动判别节点位置关系，当节点和初始边界点距离小于等于初始间距时，边界元提供竖向刚度，当节点和初始边界点距离大于初始间距时，边界元退出工作，不提供任何刚度,该边界元模拟典型的垂向接触非线性问题。建立的三维模型如图1-2-9所示。

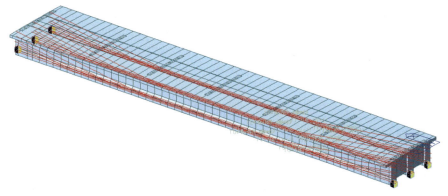

图1-2-9 三维计算模型(未示梁底节点支撑)

该模拟过程按照实际施工阶段划分为以下四个阶段:①浇筑完毕;②第一次张拉;③第二次张拉;④施加二期荷载(桥面铺装和护栏等)。重点关注四个施工阶段梁体变形规律和脚手架支撑反力的大小及分布。第一次张拉过程包括五个子过程,即分别按照N1、N2、N3、N4、N5(见图1-2-4)的顺序,从下至上依次张拉至设计张拉力的50%;第二次张拉过程的五个子过程顺序和第一次相同,从下至上依次将预应力钢束由设计张拉力的50%张拉至设计张拉力的100%。张拉预应力的过程中梁体位移、支撑反力如表1-2-1所示。

表1-2-1 T梁张拉预应力的过程中梁体位移、支撑反力

阶段	支撑反力/kN		梁体跨中位移/mm	梁体位移形态
	支座	满堂红脚手架支撑状况		
梁体浇筑完毕	边支座:190.3 中支座:206.5	梁体和模板全接触。对应梁体节点支撑力:21.5~63.2	-0.296	
第一次第一批张拉	边支座:600.5 中支座:620.8	梁体和模板全接触。对应梁体节点支撑力:14.3~64.3	-0.289	
第一次第三批张拉	边支座:1168.5 中支座:1191.8	两端各两个横隔梁范围内梁体和模板脱空,跨中两个横隔梁范围内梁体和模板接触。对应梁体节点支撑力:10.2~64.3	-0.277	

续表

阶段	支撑反力/kN		梁体跨中位移/mm	梁体位移形态
	支座	满堂红脚手架支撑状况		
第一次第五批张拉	边支座：1 515.5 中支座：1 548.8	梁体和模板脱空范围进一步扩大，跨中约一个横隔梁范围内梁体和模板接触。对应梁体节点支撑力：9.4～38.3	-0.246	
第二次第一批张拉	边支座：1 676.2 中支座：1 716.4	梁体和模板全部脱空。对应梁体节点支撑力：0	16.5	
第二次第三批张拉	边支座：1 676.2 中支座：1 716.4	梁体和模板全部脱空。对应梁体节点支撑力：0	45.2	
第二次第五批张拉	边支座：1 676.2 中支座：1 716.4	梁体和模板全部脱空。对应梁体节点支撑力：0	73.2	

从表1-2-1可以看出，T梁在浇筑阶段，支座的支撑刚度大于满堂红脚手架的支撑刚度，支座的竖向位移很小，在满堂红脚手架上支撑的梁体竖向位移较为均匀，梁体底部和满堂红脚手架均匀接触。随着预应力的分批次张拉，梁体竖向位移呈现一定的规律变化，梁体底部和满堂红脚手架的接触状态也出现一定的规律变化。首先靠近支座部分的梁体出现了一定程度的上挠，该区域的梁体首先和满堂红脚手架脱空，跨中较大区域保持了梁体和满堂红脚手架的接触；随着张拉的进行，这一趋势更为明显，梁体两端上挠的范围和高度逐渐加大，跨中梁体和满堂红脚手架接触的范围趋于减少，支座的受力逐渐加大，第一次第五批张拉结束后，梁体跨中并未完全拱起，未完全脱离脚手架的支座。从第二次第一批张拉开始起，梁体完全上挠，全部和脚手架脱离，支座的受力不再发生变化；随着张拉的进行，梁体上挠值进一步加大，直至张拉结束。张拉的全过程分析，对于把握梁体受力、变形和脚手架支撑的变化规律有着重要的意义，可为施工张拉的监测提供理论指导。

1.2.3.3 端部横隔梁设铰的考虑

因为3片T梁和7片横隔板所形成的梁格体系为整体现浇结构，虽然预应力张拉采取了同步、对称张拉顺序与手段，但中梁和边梁截面特性的微小差异可能会造成横隔板的弯曲应力,严重时可能会导致开裂。为此,建立了计算模型,以分析梁格体系在预应力作用下横隔板的弯曲应力,如图1-2-10所示。

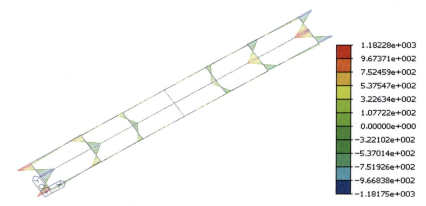

图1-2-10 横隔板在纵向预应力作用下的弯曲应力(单位:kPa)

由图1-2-10可见,横隔板弯曲应力从跨中依次向两端逐渐增大,两个端横隔板弯曲应力最大,弯曲应力达到1.18 MPa,虽然此应力不足以导致梁体和横隔板开裂,但考虑到局部角隅可能会出现应力集中,所以为慎重起见,采取必要的构造措施,来适当降低弯曲应力最大的两个端横隔板刚度,以达到降低横隔板弯曲应力的目的。采取的措施是在两个端横隔板和三个主梁相交的部位通过截面颈缩,以形成近似"铰"的机制,达到应力释放的目的。其构造如图1-2-11所示。端横隔板设铰后的弯曲应力分布如图1-2-12所示,由于端横隔板设铰,其弯曲应力得以释放变为零,相邻的横隔板则对应最大弯曲应力为0.95 MPa,相较设铰前的弯曲峰值应力有较为明显的改善。

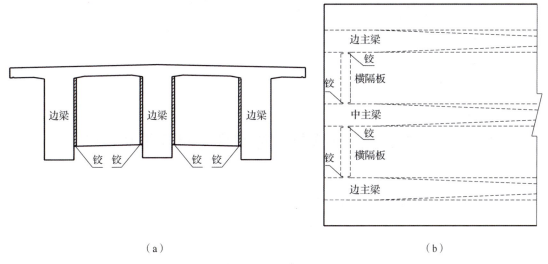

(a)　　　　　　　　　　　　　(b)

图1-2-11 端横隔板与主梁衔接处设铰立面、平面图
(a)铰立面图;(b)铰平面图

1.2.4 小结

建设跨度长达53.28 m的等截面T梁桥在国内尚属首次。由于纵向施加的预应力很

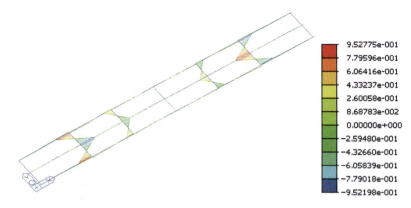

图1-2-12 端横隔板设铰后横隔板在纵向预应力作用下的弯曲应力（单位：MPa）

大，加之梁体超长，纵向稳定问题需要高度重视，于是采取了主梁、横隔板整体现浇形成梁格体系，然后以同步、对称张拉的设计理念来提高梁体张拉的稳定性。为了掌握张拉过程中梁体受力和支撑条件的变化规律，进行了张拉全过程施工分析。同时关注了整体张拉过程中由于边、中主梁的截面特性微小差异导致横隔板弯曲应力问题，进而采取构造措施释放了集中应力。该桥已竣工，被赛车场冠名为冠军大桥。竣工照如图1-2-13所示。

图1-2-13 宁波赛车场冠军大桥

1.3 一种轻型、快速架设的缆索支撑桥梁结构体系

轻型、快速架设桥梁在很多情况下是必要的，比如抢险、应急救灾等。基于缆索强大的受拉能力，摒弃传统索道桥缆索密间距分布的布置方式，而采用设置于桥面边侧的两个主缆作为主承载构件，适当提高主索的初始张拉力，不但结构体系受力明确，且横向稳定性好。为便于架设，横梁和桥面板在满足结构刚度、强度的同时均采取了轻型化的结构形式，横梁采用高强度铝合金箱形结构，通过研发的倒U形固定装置实现和主缆可靠连接、锁止和定位功能，桥面承载板采取纵横正交的薄壁竖钢板构成的密间距梁格体系，在满足轮载局压的同时，为其上行驶的轮胎提供较好的"抓地力"，防止打滑。桥梁恒载对于桥梁初张力影响很大，对于活载占比较大的索桥来说，保持一定的恒载是确保主缆线形，提高

结构刚度的关键,为此研发了模块化的桥梁配重块,可以在桥面系成型后实现快速布设。

1.3.1 结构体系的设计理念

1.3.1.1 主缆

以某应急桥梁为例,进行结构体系研究。桥型布置图如图1-3-1所示。主缆采用1860级平行钢丝束,外包双层挤压高密度聚乙烯防腐材料,外径为118 mm,断裂极限强度为1 167 t。主缆成桥态垂度1.74 m,主跨跨径70 m,垂跨比为1/40。行使过桥段的活载为特载车,全重78 t,6轴,轴距从前至后依次为2 m、4 m、2 m、2 m、2 m,轮距2.5 m,最大爬坡能力为30%。主缆通过索鞍锚固于锚座后部,锚座通过植根于岩层的预应力锚索提供给主缆锚固抗力。主缆、锚座、锚索的关系如图1-3-2所示。主缆横向间距5 m,横断面如图1-3-3所示。

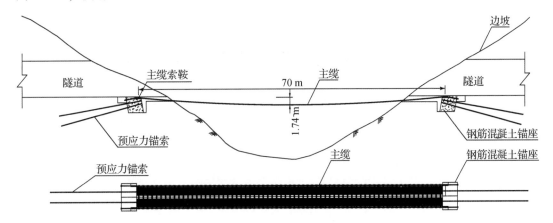

图1-3-1 桥型布置图

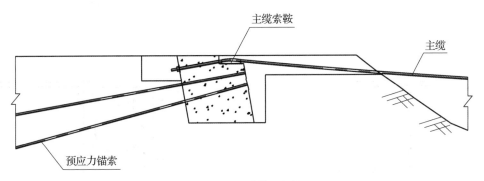

图1-3-2 主缆转向与锚固

1.3.1.2 横梁及端部固定装置

横梁采用6061AL高强合金铝材料,薄壁箱形断面。间距400 mm设计加劲肋板。横梁端部设置倒U形固定装置,中部为倒U形固定部分,实现横梁和主缆可靠地扣接,端部为锁定部分,实现横梁和主缆的锁止,防止横梁沿主缆滑移。倒U形固定装置顶部还

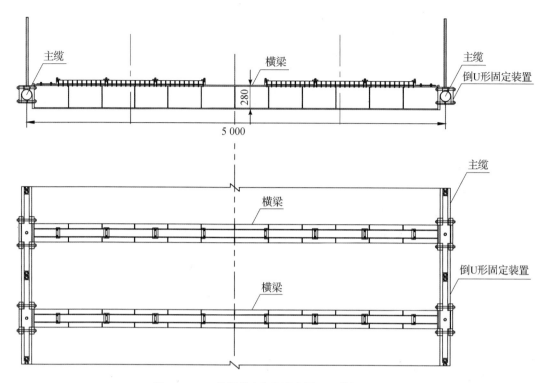

图1-3-3 横梁纵向和平面布置图（单位：mm）

设有两侧伸出的端臂，其作用有两个：一是端壁之间距离为1 000 mm，横梁安装间距即为1 000 mm，这样横梁安装就位时，可以发挥卡尺的作用；二是前后两个相邻的端壁之间相接处设有扣件，实现相邻横梁的顶紧扣死。横梁平面和纵向布置图如图1-3-3所示，横断面图如图1-3-4所示，固定装置横断面如图1-3-5所示，纵向布置图如图1-3-6所示。一道横梁包含两个端部固定装置，总质量为200 kg。

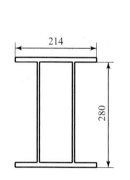

图1-3-4 横梁横断面图（单位：mm）

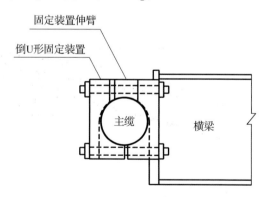

图1-3-5 横梁固定装置横断面（单位：mm）

1.3.1.3 桥面承载板

桥面承载板采取纵横正交的薄壁竖板构成的密间距梁格体系，单品桥面承载板全宽566 mm，长3 990 mm，纵向由11道高70 mm、厚6 mm纵向肋板间距50 mm构成，横向

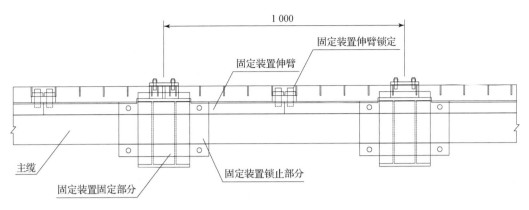

图1-3-6 横梁固定装置纵向布置图（单位：mm）

由间距100 mm的高40 mm、宽4 mm的隔板构成，纵横钢板采用焊接连接或一次脱模成型。材料采用Q420高强度结构钢。纵向肋板间距1 000 mm设有凹槽，用于卡住其下的横梁顶板，防止桥面承载板和横梁的纵向相对滑移；同时在横梁顶部设置有净间距572 mm的桥面承载板的横向卡槽，防止桥面承载板和横梁的横向相对滑移；横梁顶部卡槽顶部设有下压扣件，扣住桥面承载板的边肋顶面，防止桥面承载板和横梁的垂向脱空。桥面承载板平面布置图如图1-3-7所示，横断面布置图如图1-3-8所示，纵断面布置图如图1-3-9所示。一品桥梁承载板（4 m长，0.566 m宽）总质量为171 kg。

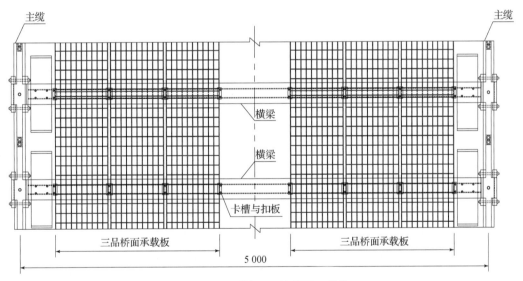

图1-3-7 桥面承载板平面布置图（单位：mm）

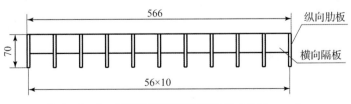

图1-3-8 桥面承载板横断面布置图（单位：mm）

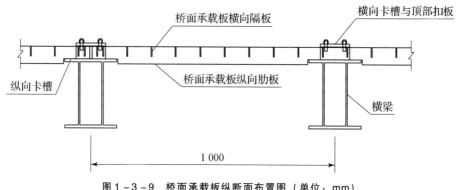

图1-3-9 桥面承载板纵断面布置图（单位：mm）

1.3.1.4 桥梁配重

桥梁配重对于控制主缆线形有重要作用，特别是重活载通行时。为此，研发模块化、易于搬抬布置和能固定就位的桥梁配重很有必要。配重采用铸铁块，单块尺寸为1 000 mm（长）×151 mm（宽）×140 mm（高），质量为166 kg。桥面对称每侧设置三组，置于最外侧的桥面承载板上。配重通过上、下卡板和竖向螺杆固定于桥面承载板上，如图1-3-10所示。桥面每侧设有3块配重，横向共计6块配重，可实现全桥1 000 kg/m的配重。

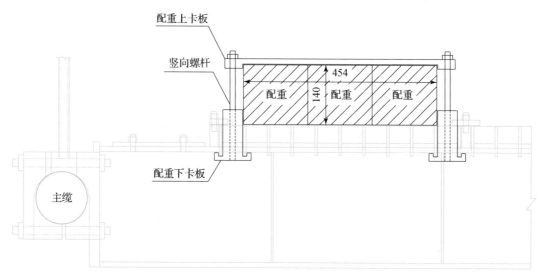

图1-3-10 桥面配重横向布置图（单位：mm）

1.3.2 结构体系受力分析与验证

基于非线性有限元分析技术，建立全桥和局部模型，进行有限元数值分析计算。

1.3.2.1 整桥受力分析

全桥计算模型如图1-3-11所示。主缆采用索单元，横梁、桥面承载板采用梁单元。桥塔采用梁单元。模型的物理力学参数如表1-3-1所示。边界条件为：桥塔根部固结约束,索端为铰接约束。桥塔为纵桥型薄壁构件,纵向刚度较小,其顶部节点和对应的索节点简化为共节点铰接。

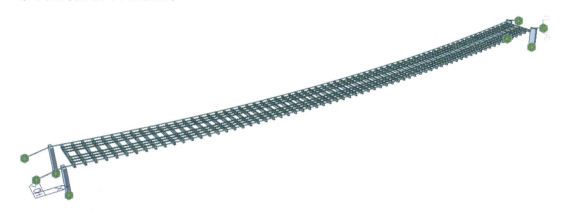

(a)

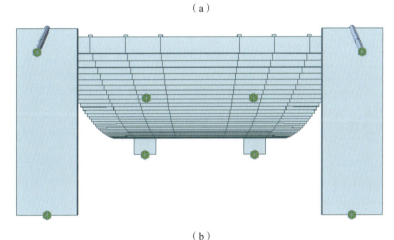

(b)

图1-3-11 全桥计算模型

(a)鸟瞰图;(b)横断图

表1-3-1 全桥模型物理力学指标表

内容	材质	密度/(kg·m^{-3})	弹性模量/MPa	泊松比
主缆	1860级高强钢丝	7 860	2.05E5	0.3
横梁	6061AL	2 900	7E4	0.3
桥面承载板	Q420	200	2.1E5	0.3
桥塔	C40混凝土	2 500	3.25E4	0.2

1. 主缆找形与初始内力

依据几何刚度初始荷载数据和初始单元内力数据,生成"自重"的荷载工况;根据实际状况,对单元、边界条件和荷载进行一些必要的编辑,将主缆上的各节点定义为更新节点序列，将塔顶节点和跨中最低点定义为垂点序列；定义悬索桥分析控制数据后运行。运行过程中需确认是否最终收敛。删除悬索桥分析控制数据，将所有结构、边界条件和荷载都定义为相应的结构序列、边界序列和荷载序列，定义一个一次成桥的施工阶段，运行分析后查看该施工阶段的位移是否接近于0，以及一些构件的内力是否与几何刚度初始荷载表格或者平衡单元节点内力表格的数据相同；各项结果都满足要求后即可进行倒拆施工阶段分析或者成桥状态的各种分析。经非线性计算分析，主缆在自重和二期恒载、桥面配重作用下（每侧施加）的初始内力等值线图如图1-3-12所示。主缆最大初始内力在缆索根部从根部至跨中呈2 553.2~2 489.4 kN递减。

图1-3-12　主缆初始内力等值线图（单位：kN）

2. 倒拆分析

倒拆分析的目的在于控制初始态和各施工态的主缆线形和内力。拆除桥梁配重载荷后主缆线形及变位如图1-3-13所示，拆除横梁和桥面承载板后的主缆线形及变位如图1-3-14所示。两个阶段对应的主缆内力分别如图1-3-15、图1-3-16所示。从图1-3-13可以看出，拆除桥梁配重载荷后，主缆跨中垂度向上变位0.485 6 m，此时对应的缆索垂度为1.254 2 m；从图1-3-15可以看出，主缆对应的内力为1 056.1~1 848.0 kN。从图1-3-14可以看出，拆除横梁和桥面承载板后，主缆跨中垂度向上变位1.309 2 m，此时对应的缆索垂度为0.430 6 m；从图1-3-16可以看出，主缆对应的内力为714.5~756.3 kN。

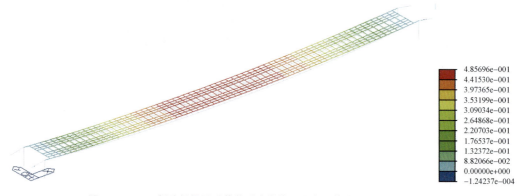

图1-3-13　拆除桥梁配重载荷后主缆线形及变位等值线图（单位：m）

图1-3-14 拆除横梁和桥面承载板后的主缆线形及变位等值线图（单位：m）

图1-3-15 拆除桥梁配重载荷后主缆内力等值线图（单位：kN）

图1-3-16 拆除横梁和桥面承载板后主缆内力等值线图（单位：kN）

3. 主缆在活载作用下的受力分析

通行活载的轮载及轴载布置图如图1-3-17所示。车辆前后轴距12 m，单轴重13 t，共6轴，总重78 t。横向轮距2.5 m。

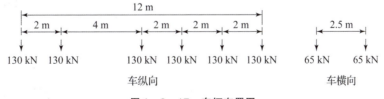

图1-3-17 车辆布置图

1）对称布设的活载

活载作用位置考虑三种：主跨端部、1/4跨、跨中，其对应的结构变位等值线云图分别对应图1-3-18、图1-3-19、图1-3-20，对应的纵坡分别为13%、10%、7.3%；其对应的主缆索力等值线云图分别对应图1-3-21、图1-3-22、图1-3-23，对应的主缆最大索力分别为3 401.4 kN、4 170.3 kN、4 408.8 kN。

图 1-3-18 活载作用位置位于主缆端部时结构竖向变位等值线云图（单位：m）

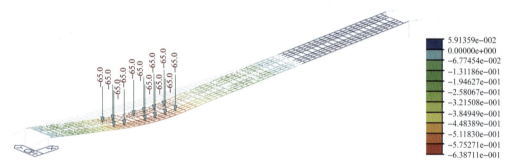

图 1-3-19 活载作用位置位于 1/4 主跨时结构竖向变位等值线云图（单位：m）

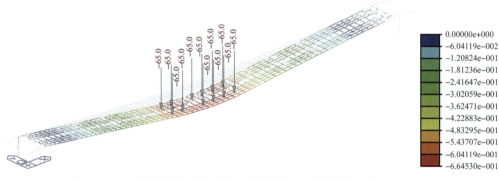

图 1-3-20 活载作用位置位于跨中时结构竖向变位等值线云图（单位：m）

图 1-3-21 活载作用位置位于主缆端部时主缆索力等值线云图（单位：kN）

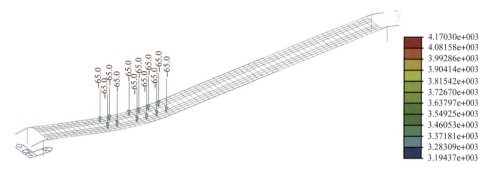

图1-3-22 活载作用位置位于1/4主跨时主缆索力等值线云图（单位：kN）

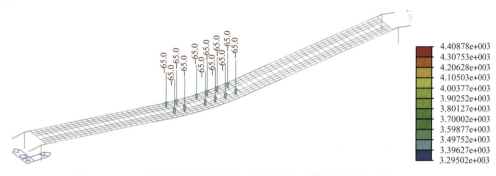

图1-3-23 活载作用位置位于跨中时主缆索力等值线云图（单位：kN）

2）偏载0.3 m布设的活载

偏载0.3 m布设活载，如图1-3-24所示。活载作用位置同上节相同，即主跨端部、1/4跨、跨中。其对应的荷载效应分别如图1-3-25～图1-3-33所示。在偏载作用下，偏心侧主缆垂向位移和索力均相应增大，和上节对比，按照活载作用位置——主跨端部、1/4跨、跨中的顺序，主缆竖向位移依次增加4.5%、6.5%、7.7%，主缆索力依次增加4.1%、4.7%、4.1%，横向侧倾角分别为0.81°、1.26°、1.41°。

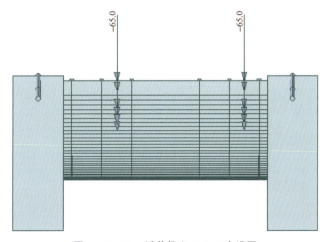

图1-3-24 活载偏心0.3 m布设图

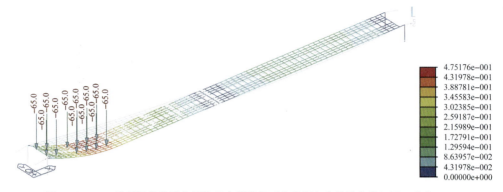

图1-3-25 偏载活载作用位置位于主缆端部时主缆竖向变位等值线云图（单位：m）

图1-3-26 偏载活载作用位置位于主缆端部时横梁横向变位图（单位：m）

图1-3-27 偏载活载作用位置位于主缆端部时主缆索力等值线云图（单位：kN）

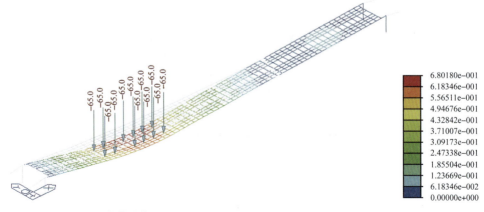

图1-3-28 偏载活载作用位置位于1/4主跨时主缆竖向变位等值线云图（单位：m）

图 1-3-29　偏载活载作用位置位于 1/4 主跨时横梁横向变位图（单位：m）

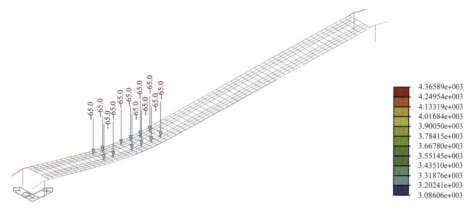

图 1-3-30　偏载活载作用位置位于 1/4 主跨时主缆索力等值线云图（单位：kN）

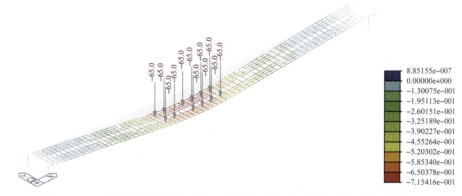

图 1-3-31　偏载活载作用位置位于跨中时主缆竖向变位等值线云图（单位：m）

图 1-3-32　偏载活载作用位置位于跨中时横梁横向变位图（单位：m）

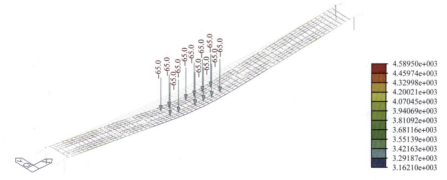

图 1-3-33　偏载活载作用位置位于跨中时主缆索力等值线云图（单位：kN）

1.3.2.2 横梁结构分析

1. 结构强度与刚度

横梁计算模型采用板单元，模型如图1-3-34所示。边界条件为模拟横梁端部的倒U形固定装置，在前后端部截面外100 mm处建立边界节点，端部截面所有节点和对应的边界节点建立刚臂连接，然后对两个边界节点施加简支约束。选取的局部承压面为214 mm×100 mm，静载考虑横梁自重和其上桥面承载板重量，折算为横梁顶板局部承压面对应的压强，对应的恒载为10 kN，对称分布两处，合计为20 kN。活载作为轮压作用于横梁顶板局部承压面，对应的活载为65 kN，对称分布两处，合计为130 kN。如图1-3-35所示，活载作用下横梁跨中下挠度为30.4 mm，为跨度的1/164。如图1-3-36所示，荷载组合作用下横梁等效应力最大值为226.4 MPa，极值出现在活载局部承压面，而跨中截面最大应力为160.4 MPa，竖向剪应力等值线云图如图1-3-37所示，最大值为115.1 MPa，极值出现在活载局部承压面，而端部截面最大应力为44.2 MPa。

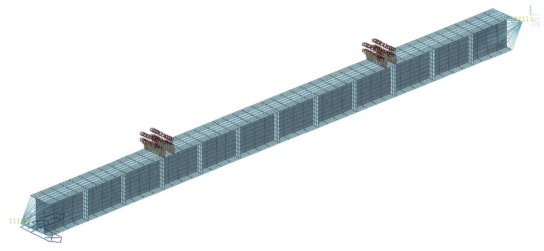

图1-3-34 横梁计算模型

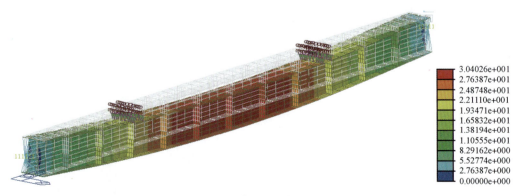

图1-3-35 活载作用下横梁变位等值线云图（单位：mm）

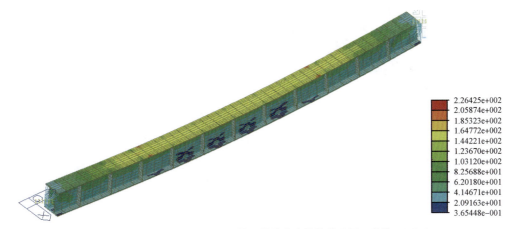

图1-3-36 荷载组合作用下横梁等效应力等值线云图（单位：MPa）

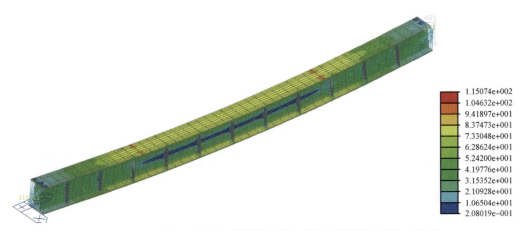

图1-3-37 荷载组合作用下横梁竖向剪应力等值线云图（单位：MPa）

2. 结构稳定性

以恒载为不变量，活载为可变量，进行稳定系数计算。取前4阶失稳模态，如图1-3-38所示。对应的稳定系数为8.2、10.7、11.2、12.1。一阶失稳模态为侧向失稳，二、三、四阶失稳模态均为轮载直接位置处的横梁腹板压溃失稳。

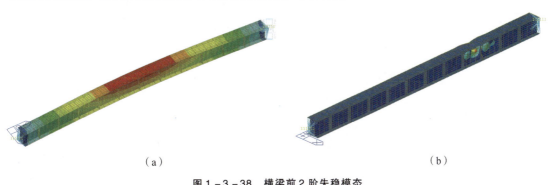

(a)   (b)

图1-3-38 横梁前2阶失稳模态
(a) 一阶失稳模态；(b) 二阶失稳模态

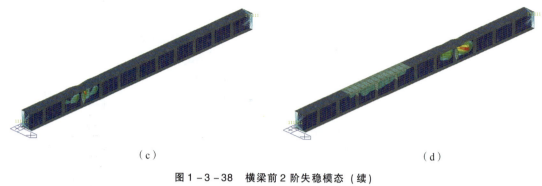

(c) (d)

图 1-3-38 横梁前 2 阶失稳模态（续）

(c) 一阶失稳模态；(d) 二阶失稳模态

1.3.2.3 桥面承载板结构分析

1. 强度与刚度

桥面承载板计算模型如图 1-3-39 所示。计算模型为一品桥面承载板，长 3 990 mm，宽 566 mm。约束条件为间距 1 m（对应横梁位置）竖向约束，单边侧水平约束。荷载为自重恒载和作用在其上的轮压活载，轮载和桥面承载板的接触面积按照 500 mm（横向）× 200 mm（纵向）考虑，将轮压按照接触面积内分布的板单元的节点数转化为节点荷载计入。同时考虑轮载作用在边跨支点、边跨 1/4 跨径、边跨跨中、跨中支点、中跨跨中五种工况进行计算分析，应力云图如图 1-3-40 所示，最大等效应力为 119.3 MPa，最大竖向位移为 0.32 mm。

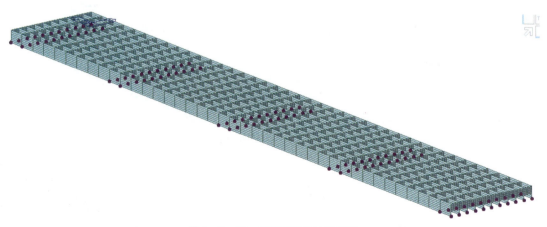

图 1-3-39 桥面承载板计算模型

2. 结构稳定性

以恒载为不变量，活载为可变量，进行稳定系数计算。按照轮载布置位置的五种工况，分别计算失稳模态和对应的稳定系数，一阶失稳模态如图 1-3-41 所示，为支撑处侧向压溃失稳。

第1章 特种桥梁工程技术

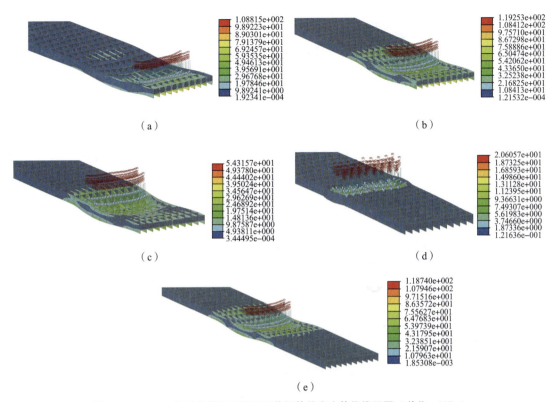

图1-3-40 五种轮载载位下桥面承载板等效应力等值线云图（单位：MPa）
(a) 轮载位于边跨支点；(b) 轮载位于边跨1/4跨径；(c) 轮载位于边跨跨中；
(d) 轮载位于中跨支点；(e) 轮载位于中跨跨中

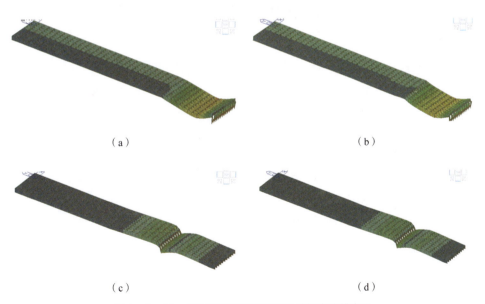

图1-3-41 五种轮载载位下桥面承载板失稳模态图
(a) 轮载位于边跨支点（屈曲系数为30.2）；(b) 轮载位于边跨1/4跨径（屈曲系数为29.0）；
(c) 轮载位于边跨跨中（屈曲系数为32.0）；(d) 轮载位于跨中支点（屈曲系数为32.1）

(e)

图 1-3-41　五种轮载载位下桥面承载板失稳模态图（续）

（e）轮载位于中跨跨中（屈曲系数为31.2）

1.3.3　小结

基于以上研究分析，说明了这种缆索承重结构体系是科学合理的。该体系不但具有承受重载（本文荷载高达78 t）能力，而且在主缆成型的状态下，具有快速架设的能力，单件最大质量为200 kg，4个熟练架设人员可快速完成就位。经分析，如采取两岸同步向跨中架设的方案，若每一片横梁安装就位平均时间为5 min，那么70 m跨度全桥架设完毕需要3 h，比相同跨度的贝雷桁架架设时间缩短很多。该承载体系具有一系列创新性：双主缆承载、高强合金铝薄壁箱梁、倒U形固定装置、密肋桥面承载板、桥面配重等，经数值验证，强度、刚度及稳定性均在科学合理的范围内。该承载体系的动力特性和抗风稳定性则在下一阶段开展研究。

1.4　跨海重轨桥梁选型及结构体系研究

以某跨海重轨桥梁论证为背景，着眼于重载和海域环境两个特点，从桥梁概念性设计角度论述了整体式桥梁下部结构、箱梁式桥梁上部结构、桥梁经济跨径、桥梁预应力体系四个方面的内容。方案体系经过数值计算验证，总体刚度能满足要求。最后对跨海桥梁承受波浪荷载进行了初步探讨，为更科学地确定桥梁标高，提出了下一阶段应进行人工岛和港口防波堤对桥位的掩护作用分析的必要性。

某工程选址海上，重载转运轨道不可避免地需要跨越海域来实现测试厂房和工位之间的连接。转运轨道跨越海域的承载结构有两个方案，一个是桥跨结构，一个是路堤（海堤）结构。将重点论述桥跨结构的合理选型及结构受力体系问题，旨在技术层面解决桥跨结构实现跨海转运的科学性和合理性问题。某工程的总体平面布局如图1-4-1所示。

1.4.1　水文条件

拟选场地地质水文条件较为简单，主要位于浅海区，海床表面为含砂珊瑚碎屑，下伏强风化花岗岩和中风化花岗岩。海域段地质纵断面如图1-4-2所示。

图 1-4-1 工程平面布局

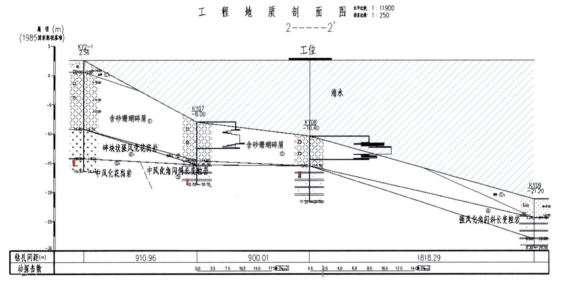

图 1-4-2 工程地质剖面图

海浪水文条件是跨海桥梁设计的关键考虑因素，海浪波高和潮位是确定桥梁标高的关键因素，海浪对桥梁结构的水动力作用是桥梁结构受力关键影响因素。现阶段桥梁标高参照工位海浪数值仿真模拟百年一遇的最高潮位，按照《开敞式码头设计与施工技术规程》计算公式，推算了桥梁标高。现阶段桥梁标高取值是偏高保守的，原因有以下两点：①未考虑人工岛的掩护作用，该区域的强浪向为南-南向，常浪向为东南向，桥梁和人工岛衔接位置处于西北侧，人工岛可以对桥梁起到较好的掩护作用，降低波高；②和人工岛衔接的港口防波堤形成较大范围的防护臂弯，对波高有进一步的消减作用。准确确定桥位波高需要进一步深入研究，有必要辅以水动力物理模型试验。

1.4.2 跨海桥梁选型研究

跨海桥梁选型研究是在工艺指标要求下进行的桥梁概念设计的过程。

1.4.2.1 桥跨体系荷载条件与建设条件

1. 承受的荷载大

目前工艺条件中提出的特载车,其全重 6 500 t,单侧 3 250 t,如果考虑不平衡系数(运载平台由于风载等引发的弯矩效应),则单侧可能达到 3 900 t 左右。轮载的纵向分布长度约为 30 m。折算成均布荷载强度为 1 083 kN/m(单侧),这一荷载集度为公路 I 级两个车道荷载(均布 10.5 kN/m 荷载加一个 360 kN 集中荷载)的 25 倍左右,荷载强度非常大。

2. 海域环境下建设条件特殊

跨海段桥跨建设不可避免面临海域环境。

(1)桥梁上部梁体施工工艺有特殊的工艺要求。海域环境下桥跨建设不能采用陆地上惯用的满堂红脚手架施工模式,而必须采用以桥墩为依托平台的架设工艺,主要有架桥机架设(标准跨)、顶推施工(标准跨)、悬拼、悬浇工艺(大跨度非标准跨)等。

(2)桥梁基础(承台和桩基)施工比陆地施工难度大。面临围堰成型、桩基水下混凝土浇筑、海水防腐等一系列挑战。

1.4.2.2 海域段桥梁选型论证

1. 桥梁下部整体式、分离式两种承载模式的选择

梁下部有整体式、分离式两种承载模式。整体式与分离式是针对桥梁下部基础共享与否而言的。处于轨道正下方的桥跨承载梁由于轨距中线宽达 38 m,必然是两侧独立承载。单个承载梁的横向刚度不足时,尚应在两承载梁之间增设系梁(端部支点处、跨中一处)以增强整体刚度。两种承载体系如图 1-4-3、图 1-4-4 所示。

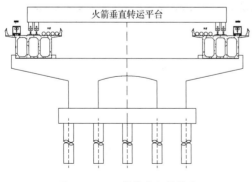

图 1-4-3 整体式承载模式

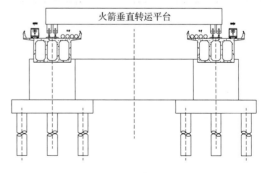

图 1-4-4 分离式承载模式

整体式承载模式的特点如下：

（1）实现"两桥"合一，左右两侧承载梁共享下部门式刚架桥墩，共享承台、桩基，下部结构利用效率高；施工时每个桥墩处只建一处围堰，节省施工费用。

（2）横向刚度大，6 500 t 重的运输平台车对结构横向刚度的需求非常高，双悬臂双门式刚架桥墩可提供强大的侧向抗力和刚度。

（3）双悬臂双门式刚架桥墩顶部采用通长布设的横向预应力提供强大的弯剪抗力。

分离式承载模式的特点如下：

（1）桥跨下部各自单独承担上部承载梁。

（2）施工时每个桥墩处需建两处围堰或将两处围堰合并，但长度较长。

（3）转运轨道单侧桥墩和其下承台、桩基横向刚度不足以提供 6 500 t 转载需求的横向刚度，需建立桥墩的横向系梁以成整体。

（4）单侧桥墩采用薄壁式桥墩。

桥梁下部承载模式对比一览表如表 1-4-1 所示。

表 1-4-1　桥梁下部承载模式对比一览表

序号	承载模式 比较项目	整体式（双悬臂双门式刚架桥墩）	分离式（薄壁桥墩加横向连接系梁）
1	结构横向刚度	满足	满足
2	经济性	略占优势（桩基相对节省20%，承台尺寸相对较小，桩基施工围堰尺寸较小）	略占劣势
3	结构美感	赋予结构力学美感	一般
4	推荐顺序	推荐模式	比较模式一

2. 转运轨道承载梁选型

特载车总载重达 6 500 t，单侧考虑不均匀系数（1.2）后高达 3 900 t，同时由于随机因素（包括轮轨撞击、咬合、冲击、横向风荷载等）对承载梁造成的一定的横向作用力，承载梁横向刚度也要足够强大。箱梁属于闭口薄壁构件，整体刚度大，抗扭能力在桥梁承载梁中最强，无论竖向、横向、扭转三向刚度都很大，所以应首选箱梁截面。箱梁断面如图 1-4-5 所示。

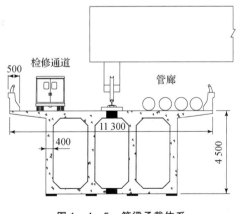

图 1-4-5　箱梁承载体系

从单纯承受垂向荷载而言，T 梁也可以满足。T 梁断面如图 1-4-6 所示。箱梁和 T 梁承载体系的对比一览表如表 1-4-2 所示。

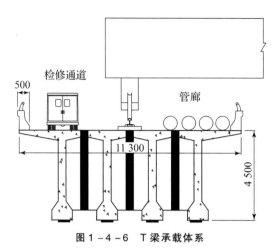

图 1-4-6 T 梁承载体系

表 1-4-2 转运轨道承载梁承载模式对比一览表

序号	承载截面 比较项目	箱梁	T 梁
1	承载梁截面	单箱三室	四片 T 梁
2	刚度	三向（竖向、横向、扭转）刚度大	仅竖向刚度大，横向刚度属于薄弱环节，预制张拉阶段由于梁高壁薄，有失稳风险，需要增设提高稳定性的构造设施
3	截面效率	最高	一般
4	施工工艺	分两个单箱单室预制、吊装、现场湿接头连接成单箱三室结构	分四片 T 梁预制、吊装、现场湿接头连接成整体，现场现浇量较大
5	施工效率	高	较高
6	结构造价	经济	经济
7	推荐顺序	推荐	不推荐

3. 转运轨道承载梁标准经济跨径论证分析

由于连接海上工位深入海洋的距离尚短，海上转运轨道线路不会引发通航要求，桥跨体系中不需要设置通航孔，海域桥梁选型主要以标准跨度的桥梁跨域海域为主。

转运轨道承载梁经济跨径的确定受以下两种因素的制约：①桥梁上部结构造价随单孔跨径增长呈非线性增长趋势；②桥梁下部（含基础）造价对单孔跨径的增长呈近似线性的下降趋势。以上两种因素之间的经济平衡点即确定了最经济的跨径区间。

就本工程而言，经初步测算，两种因素随跨径增长的关系曲线如图 1-4-7 所示。

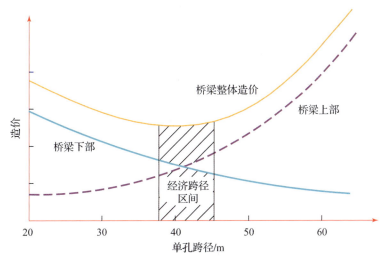

图 1-4-7 单孔标准跨径和桥梁造价关系曲线

转运轨道的经济跨径初步确定为 30~40 m。据调研，在公路工程领域，跨海大桥的标准经济跨径一般在 50~70 m 之间。转运轨道经济跨径之所以会小于跨海大桥标准经济跨径，原因在于荷载上的差异，转运轨道的荷载集度是公路跨海大桥的几十倍，随着跨径的增加，荷载的弯矩效应急剧增加，对承载梁刚度需求也会同步急剧增加，承载梁的截面会急剧增大，从而导致上部结构造价大幅增加。所以转运轨道桥梁的经济跨径不同于一般公路跨海大桥的经济跨径。

4. 转运轨道承载梁预应力体系论证

箱梁截面尺寸较大，采用三向预应力体系对提高箱梁结构的整体性，提高箱梁结构的耐久性，有效控制结构剪力迟滞效应非常重要。为此，设置纵向、顶板横向、腹板竖向三向预应力，如图 1-4-8、图 1-4-9 所示。箱梁纵向采用先简支后连续的方案，纵向 5 跨一联。箱梁预制吊装时为简支结构，吊装就位后现浇纵向湿接头，张拉支点负弯矩预应力束，形成整体。箱梁支座宜采用高度满足变位要求的橡胶支座，满足纵向变位的同时控制横向变位。

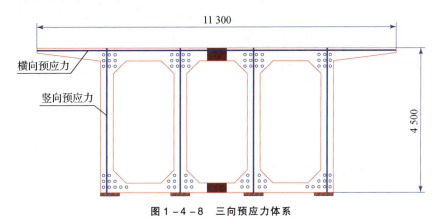

图 1-4-8 三向预应力体系

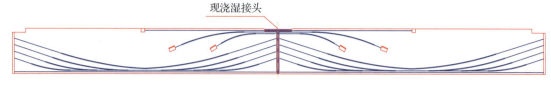

图 1-4-9 纵向预应力布置

5. 转运轨道桥墩体系论证

整体承载方案中桥墩为双门式刚架体系,具有横向刚度大,承载能力强的特点。如图 1-4-10 所示。双门式刚架体系横向双悬臂,承受巨大的剪力和弯矩,横向布设后张拉预应力,并部分向下弯起。预应力筋布设详见图 1-4-10。

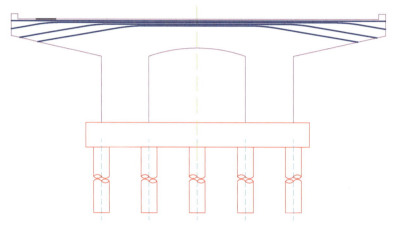

图 1-4-10 双悬臂双门式刚架桥墩横向预应力布设

1.4.3 转运轨道桥梁整体刚度初步分析

基于块体单元和梁板单元的分析原理分别进行桥梁承载力计算,重点关注梁体在荷载作用下的变形,以验证梁体刚度是否能够满足要求。建立模型如图 1-4-11、图 1-4-12 所示。

图 1-4-11 块体单元模型

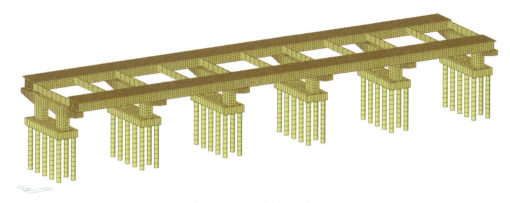

图 1-4-12　梁板单元模型

在左右箱梁顶部中线位置设计车道线，建立特载车辆模型模拟特载平台，采用移动动态加载模式加载，特载荷载强度为 1 083 333 N/m² （1.08 MPa），分布长度为 30 m。

在转运平台作用下梁体的变位云图如图 1-4-13 所示。

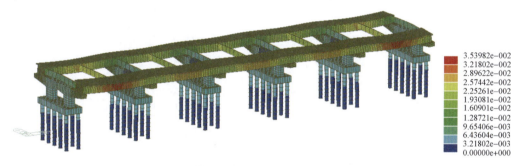

图 1-4-13　转运平台作用下梁体变位云图（单位：m）

从图 1-4-13 可以看出，箱梁简支端跨中竖向变位最大，在横截面上箱梁从内向外竖向变位依次增大，其原因在于门式桥墩悬臂引起了下挠，箱梁四个腹板下支座分处于桥墩悬臂的不同位置，箱梁下支座变位不同，从而引起了箱梁一定程度的畸变，这一点在今后的优化设计中应注意并尽量避免。从上图计算看，在转运平台特载作用下，跨中桥梁中线附近的竖向变位为 20 mm，相对于 40 m 跨径的桥梁而言，其引起轨道竖向线位坡度改变仅为 1‰，梁体的竖向刚度足够强大。轮轨撞击、咬合、冲击、横向风荷载等因素引起的横向作用力按照垂向荷载的 2% 考虑，其横向变位仅为 5 mm，说明箱梁整体横向刚度足够强大。

综上所述，由双悬臂门式桥墩和箱梁共同组成的承载体系在转运平台运输刚度需求上能够较好地满足。

1.4.4　关于梁体承受波浪作用力可能性讨论

根据《海港工程设计手册（中册）》推荐的计算公式，作用在桩基和墩柱建筑物上部结构底面的波浪上托力为：

$$p = \beta \cdot \gamma (\eta - h_i)$$

式中　β——压力反应系数，当上部结构的宽度约 10 m 时 β 值可取 1.5，当上部结构的宽

度较大时 β 值可取 2.0；

γ——海水的质量密度；

h_i——静水面至上部结构底面的距离；

η——不考虑上部结构时波峰面在静水面以上的高度。波浪对上部结构梁板的作用示意如图 1-4-14 所示。

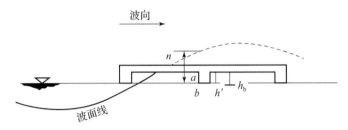

图 1-4-14　波浪对上部结构梁板的作用示意

在本方案中，箱梁底板宽度为 7.3 m，β 可取 1.35；如果考虑桥面标高 12.8 m，梁体高度 4.5 m，最高潮位 3.75 m，h_i 为 4.55 m；η 按照《海港水文规范》和有关研究结果取值为 10.1 m；海水密度为 10.3 kN/m³。代入上式可以得出波浪上托力 $p = 1.35 \times 10.3 \times (10.1 - 4.55) = 77.17$ kN/m²，考虑梁底作用面积 $A = 7.3 \times 40 = 292$ m²，则作用于梁底的合力为 $p = 2\,253$ tf，而梁体自重仅为 1 510 t，所以梁体自重远不足以抵抗波浪的上托力，会出现梁体在波浪上托力作用下整体漂移。通过这一计算可以看出，跨海桥梁梁体不能过低，应高出波峰面高度。

1.4.5　小结

桥梁方案在实现重轨跨海运输方面是可行的，但美中不足之处在于其桥面标高相对于海堤方案较高，导致工位也相应升高。但该方案具有材料省、施工快、结构安全可靠的优点和特点，是海堤方案的重要比选方案。如果能将工程所处的海洋水文环境进一步精确模拟，将人工岛和港口的掩护作用科学合理考虑，桥位处有效波高能在一定程度上降低的情况下，跨海桥梁方案会有更好的优势。

1.5　山地缆车平台工程设计研究

山地缆车是索道的一种形式，车辆由牵引索牵引，沿固定的线路（一般是轨道）往复行驶。支撑山地缆车正常运行的结构统称为山地缆车平台。山地缆车平台工程包括轨道、扣件、轨道梁、下部桥跨结构、道床、道岔、站台和站房工程等。其中土建工程的主体是下部桥跨和道床结构。

深圳东部华侨城盐田生态旅游项目之山地缆车平台工程是为长距离、超高差运输游客的车辆提供运输平台的一项工程，其特点是跨越山谷、穿越山脊，沿最困难的路线攀升,在满足运输功能的同时,提高旅客乘坐时的感官刺激。桥跨和整体式道床是工程的主体,头尾接缆车动力设备房和检修操作间,在动力设备房中依靠转盘等动力装置通过缆索牵引道床或桥跨轨道上的车辆,实现车辆运输。

该工程全线长 1.8 km,分上山、下山两段,上山段有 1.3 km,下山段有 0.5 km,上山段采用双车平衡同平面运输模式,下山段采用单车配重上下运营模式。车辆及设备均由法国 POMA 公司提供。其中,桥跨占整个路线将近 70%,道床占比约为 30%。桥跨、道床实景如图 1-5-1、图 1-5-2 所示。

图 1-5-1 桥跨、道床实景

图 1-5-2 缆车运行在道床上

1.5.1 工程特点

该工程具有以下三个特点:

①线路坡度陡,上下山段线路的平均纵坡在 33% 左右,局部最大纵坡高达 55.4%,给设计和施工带来了较大挑战。

②为了满足缆车抱轨器的安全性要求,同时提高行车的舒适感,全线设计为无缝线路。纵向防爬的能力和为减少桥跨温度力而采取的小阻力扣件将作为一对主要矛盾给设计带来一定的挑战。

③桥跨和道床的刚度合理布置的优劣将直接影响工程的安全和造价。

1.5.2 设计思路

1.5.2.1 桥跨设计

桥跨作为跨越山谷和不良地质地段的结构有其独特的优势:一方面最大限度地降低了结构物对环境的影响和破坏,另一方面最大限度地降低了不良地质环境对结构物的影响。通过多方案比选,最终选择了连续刚架作为桥跨的主要受力体系,以 20 m 的单孔跨径作为经济跨径。主体上分为 4×20 m 一联的连续刚架体系和 4×20 m 的刚架体系,体系示意和桥跨主梁结构断面分别如图 1-5-3 和图 1-5-4 所示。

连续刚架体系有一处墩梁固结,两处简支,两处连续;刚架体系有三处墩梁固接,两处简支。对于低矮的墩柱宜采用墩梁分离的方式,因为矮墩的刚度较大,如果采用几跨墩梁固结则使结构承受过大的混凝土收缩、徐变和结构温度等因素引起的附加应力,同

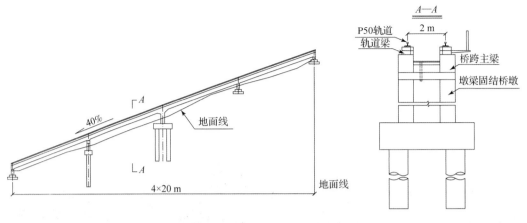

图 1-5-3 4×20 m 连续刚架

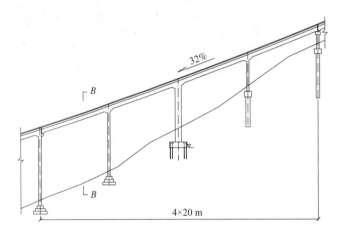
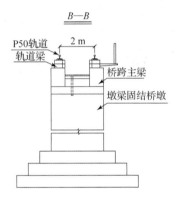

图 1-5-4 4×20 m 刚架

时使结构纵向刚度过大,不利于和相邻桥联的刚度匹配,因此边部矮墩宜做成墩梁分离,而只在一联中部设置一处墩梁固结的结构形式,在墩梁分离处采用板式橡胶支座以实现上部结构纵向较小位移。一联中部设置的墩梁固结出于以下三个方面的考虑:一是中部恰为结构的温度不动点,无论升温还是降温,结构附加应力对结构的影响较小;二是中间固结,成为制动墩,承受轨道伸缩力和断轨力,不但受力明确,而且整个结构加强部位重点突出,节省造价;三是地面纵向坡度较大,存在纵向稳定问题,中间采用墩梁固结配承台桩基,相当于将结构"钉"在坡面上,对提高整体结构稳定性大有帮助。而对于高墩部分,宜采用几跨墩梁固结形式,如图 1-5-4 所示,采用高墩的墩梁固结形式主要考虑以下三点的必要:一是桥墩较高,从而使设计柔性墩成为可能,由于桥墩的柔性,使结构受收缩、徐变、温度等附加应力影响小到合理程度,从而几跨使墩梁固结形式成为可能;二是高墩采取墩梁固结对结构纵横向整体刚度提高有较大帮助,避免了结构在地震扭转作用下主要靠中心制动墩抗扭的不利方案;三是纵向所有的墩梁固结的桥墩在桥纵向形成"排架",均提供一定的纵向刚度,避免了单纯依靠中心墩提供刚度而使中心墩截面尺寸过大的不利方案。

连续刚架和刚架的合理组合除考虑上述因素外,尚应考虑和无缝钢轨的受力耦合,尽量做到在相邻桥梁之间纵向刚度一致，避免刚度突变，而使该跨受到过大或过小的轨道伸缩力和断轨力。

为此，设计人员采用计算软件对全线建立了整体模型，钢轨和轨道梁的接触问题采用了弹簧单元模拟，桥跨采用三维梁单元模拟，计算了钢轨和桥跨之间在温度作用下的伸缩力和断轨力，又依据计算结果，进行了纵向桥跨部分刚度调整，最终确定了各桥联合理的纵向线刚度和最终的结构形式和尺寸。

取一联结构作为计算分析单元，考虑了以下七种情况的组合，最终确定了每联结构的内力。

①结构自重 + 缆车竖向活载；
②结构自重 + 缆车竖向活载 + 轨道伸缩力（双轨）；
③结构自重 + 缆车竖向活载 + 轨道水平荷载（极端情况）+ 轨道伸缩力（双轨）；
④结构自重 + 缆车竖向活载 + 轨道伸缩力 + 混凝土收缩、徐变；
⑤结构自重 + 轨道伸缩力（单轨）+ 断轨力（单轨）；
⑥结构自重 + 轨道伸缩力（双轨）+ 地震荷载（反应谱）；
⑦结构自重 + 轨道伸缩力（双轨）+ 风荷载；

特别需要提及的是，由于线路坡度和自然地面坡度较陡，桥跨的纵向稳定问题不能忽视。纵向稳定问题主要通过以下三方面的措施加以保证：

①在桥跨体系的选择上，笔者选取了纵向刚度较大的刚架体系或连续刚架体系；
②在一联桥跨的中部设置了抗纵向力"主墩"，其基础采取了承台和双排桩的方案，其纵向抗力较大；
③处于较陡纵坡上的桥梁基础，全部采取了深埋做法，且全部处于坚实的基岩上，桥基的纵向稳定性得到较好的保证。

1.5.2.2 道床设计

在线路挖方段采用整体式道床的结构形式，线路的纵坡和无缝线路纵向阻力的要求决定了采取整体式道床，而不能采用有砟一般道床。整体式道床的结构截面如图 1 - 5 - 5 所示。

依据道床所在位置的地质情况道床底板分为整体板和分离板（类似建筑中的条基）两种情况，当整体式道床基底处在黏质土层时，采用整体式底板以增加基底的抗滑面积，同时在坡度过陡的地段，在底板下设置抗滑凸榫增加其抗滑稳定性；当整体式道床基底处在中风化乃至微风化岩层上时，则采用分离式底板。整体式道床内外按照建筑标高采用砂砾土回填，以增加结构自重，提高结构的抗滑稳定性。整体式道床一般按照 30 ~ 40 m 划分为一联，相邻联之间设置伸缩缝。

线路的起讫位置均为整体式道床段，该部分为无缝线路的伸缩区，无缝线路强大的温度伸缩力将完全由该部分承受，所以端部整体式道床的抗滑能力直接影响线路的稳定。为此端部采用抗滑桩来弥补整体式道床抗滑能力的不足。抗滑桩只承受水平方向的剪力，不承受竖向道床荷载。

整体式道床底板依据线路的纵向坡度设置成台阶错台，如图 1 - 5 - 6 所示。典型的整体式道床部分工程图片如图 1 - 5 - 7 所示。

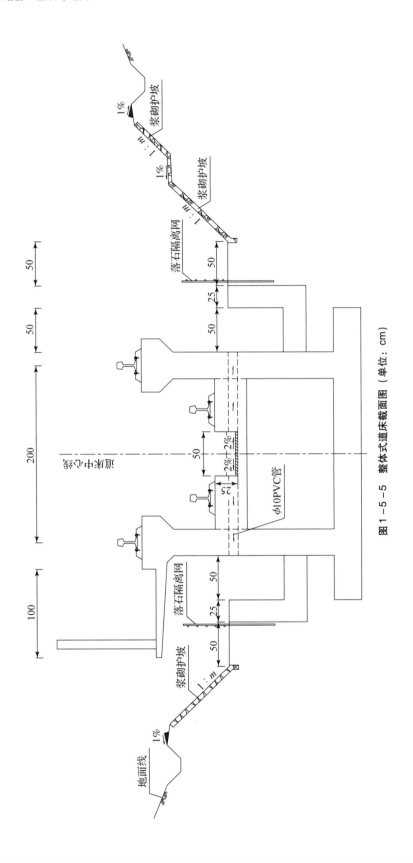

图 1-5-5 整体式道床截面图（单位：cm）

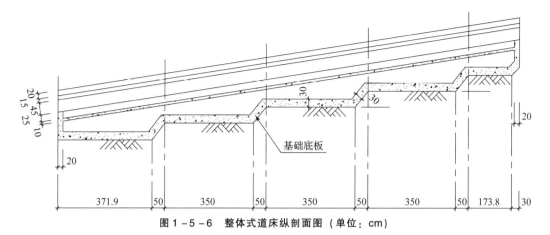

图1-5-6 整体式道床纵剖面图（单位：cm）

图1-5-7 典型的整体式道床段图片

1.5.2.3 无缝线路设计

在纵坡高达55.4‰的坡度上设计无缝线路在国内尚属首次。为了减少桥跨结构的温度伸缩力和断轨力，进而减低造价，轨道扣件采取桥跨小阻力扣件的形式，采用1—2—1（松—紧—松）扣板式扣件。端部整体式道床处在伸缩区，为了使端部伸缩区尽可能分布得更长以分散端部受力区域，端部轨道扣件采用间距655 mm的扣板式扣件，伸缩区达到65 m，至少涵盖两段道床。其他的整体式道床段处在固定区，采用750 mm的弹性分开式扣件。钢轨纵向阻力如表1-5-1所示。

表1-5-1 每股钢轨道床纵向阻力

序号	扣件节点间距 a/mm	r_1（扣件阻力）/(r·mm^{-1}·轨)	r_3（扣件阻力）/(r·mm^{-1}·轨)	扣件类型	备注
1	750	3.2	4.267	扣板式扣件	桥上一般地段
2	750	—	17.067	弹性分开式扣件	一般整体道床段
3	655	—	12.214	扣板式扣件	端部整体道床段

全线钢轨经过强度检算、允许温升、降温检算、稳定性检算以及防爬能力检算，均满足要求。

1.5.3 小结

山地缆车平台工程设计涵盖了桥梁、路基、轨道、结构、机电等多种专业，多学科之间的交叉、联系体现得较为充分。无缝线路和桥跨、道床之间以及相邻桥跨之间的刚度匹配是设计的难点和重点。深圳东部华侨城盐田生态旅游项目之山地缆车平台工程首开我国山地缆车平台工程中小阻力无缝线路配钢筋混凝土结构之先河，该项目的成功修建势必为超长陡坡的同类建筑发挥有力的工程借鉴和指导意义。

1.6 碳纤维旧桥加固技术

增强纤维复合材料（CFRP）是航天工业开发的高新材料，到了 20 世纪 70 年代已经成熟，80 年代起开始在土建工程中做应用研究。国内第一例采用 CFRP 加固修复混凝土结构是在 1998 年完成的，在随后的三年中，CFRP 得到大力推广及实际应用，所述的加固工程就是采用碳素纤维加固技术来达到提高旧桥承载力的目的。针对某基地两跨简支 T 梁桥承载力不足的现象，采用了碳素纤维和施加横向预应力相结合的办法进行加固。碳素纤维用来提高主梁抗剪、抗弯能力，横向预应力用来提高横隔板的抗弯能力以及全桥受力的整体性。加固前后分别对桥梁的承载力进行了检测，为加固效果和加固质量提供了判定依据。

1.6.1 旧桥简介

某基地 4#场区 5#桥始建于 1967 年，当时的设计荷载为汽－15、拖－60，现在需将它的设计承载力提高到汽－20、挂－100。该桥为两孔 16.8 m 的普通钢筋混凝土 T 形简支梁桥，每跨梁桥由 5 片主梁、7 道横梁组成，混凝土标号为 30#，主梁之间铰接。桥宽 7 m，行车道宽 6 m。两侧为 U 形桥台，中间为重力式桥墩，基础为扩大基础，台身、墩身以及基础均由 110#片石混凝土材料制成。桥梁结构加固简图如图 1－6－1 所示。

根据计算结果，旧桥单梁的跨中设计弯矩为 1 450 kN·m，梁端设计剪力为 406 kN，现为满足汽－20、挂－100 的要求，需将承载力提高至跨中弯矩 1 723 kN·m，梁端剪力为 504 kN，分别提高 18.8% 和 24.1%。通过对全桥两孔梁的外观检查，发现主梁基本完好，横隔板则中部开裂，裂缝自上而下，上粗下细。通过计算分析，开裂原因是横隔板上部配筋不足所致。横隔板开裂破坏了原结构受力的横向分配，降低了结构的整体性。空间分析表明，在相同的荷载作用下，单主梁受力在横隔板开裂后增加 20%~30%。

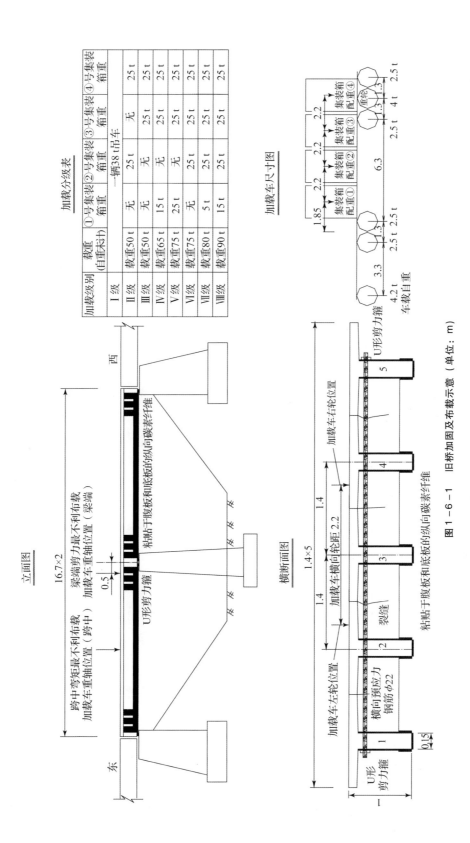

图 1-6-1 旧桥加固及布载示意（单位：m）

1.6.2 加固方案

1.6.2.1 主梁加固

考虑到碳素纤维自重轻、强度高、弹性模量大、施工便捷等优点,主梁的抗弯、抗剪加固采用粘贴碳素纤维布的办法。抗弯加固通过在主梁下腹板两侧以及底面粘贴 2~4 层纵向纤维布得以实现;抗剪加固则在 T 梁腹板剪力不足区(主梁的两端 $L/8$ 的范围)粘贴 U 形纤维箍 1~2 层,如图 1-6-1 所示。用于抗弯、抗剪的碳素纤维用量分别采用了参考文献中的计算方法。

1.6.2.2 横隔板加固

由于横隔板上部配筋不足,导致了横隔板中部开裂,并使结构整体性下降。为了改善这一状况,采用了施加横向预应力的办法。通过在横隔板两侧横向穿孔,张拉预应力钢筋,从而使横隔板的裂缝闭合,并产生一定的压应力储备,从而达到提高横隔板抗拉、提高全桥整体性的目的,如图 1-6-1 所示。

1.6.3 桥梁检测

检测先后进行了两次,加固前后各一次。加载采用了分级加载的方式,并沿桥中线对称加载。加固前检测加载分为四级,加固后检测加载分为八级,其中加固后检测加载的前四级和加固前检测加载的四级相同。检测车分级布载如图 1-6-1 所示。通过前后两次加载试验,得到了旧桥加固前后的静、动力特性。

1.6.4 检测结果分析

表 1-6-1 为检测试验结果。

1.6.4.1 横向预应力钢筋加固效果

由图 1-6-2 可见,加固前中间三片主梁在对称荷载作用下,挠度差值较大,不符合荷载横向分配原理。而在加固后,中间三片主梁在对称荷载作用下挠度差值接近,符合荷载横向分配原理。从而证明了施加的横向预应力钢筋改变了原结构受力的横向分配状态,整体性加强,达到了预期的加固目的。

1.6.4.2 碳素纤维的加固效果

从图 1-6-3、图 1-6-4 可以看到,随着荷载增大,梁的跨中挠度以及梁底混凝土、碳素纤维应变都随之增大,且近似呈线性变化,对比加固前后的挠度和应变曲线,不难发现加固前各梁的挠度、应变曲线区别较大,且最大值较大;而加固后各梁的挠度、应变曲线比较靠近,且最大值较小,从而证明加固发挥了作用。该梁在正常使用情况下的允许挠度为 12.6 mm,而加固后梁在最大荷载作用下的挠度仅为 6.65 mm,满足使用要求。

表 1-6-1 检测试验结果

梁号	加载分级	荷载效应（相对于挂-100）		加固前主梁挠度/mm	加固前主梁跨中梁底混凝土应变/(με)	加固后主梁挠度/mm	加固后主梁跨中梁底混凝土应变/(με)	加固后主梁跨中梁底碳素纤维应变/(με)	加固前固有频率/Hz	加固后固有频率/Hz
		跨中弯矩最不利	支点剪力最不利							
东跨1号梁	1	45.4%	46.3%	3.22	121	2.38	97	74	竖直方向自振频率为10.63 Hz，横向自振频率为8.25 Hz	竖直方向自振频率为10.71 Hz，横向自振频率为9.35 Hz
	2	61.5%	63.1%	3.76	199	2.87	134	87		
	3	68.4%	67.3%	3.98	245	2.96	179	98		
	4	75.0%	77.1%	4.45	292	3.13	205	109		
	5	79.4%	83.1%	—	—	3.34	235	132		
	6	86.2%	87.8%	—	—	3.76	256	145		
	7	88.4%	91.1%	—	—	3.80	267	157		
	8	99.4%	101%	—	—	3.99	298	168		
东跨2号梁	1	45.4%	46.3%	3.66	152	3.01	138	86		
	2	61.5%	63.1%	4.72	274	4.33	215	109		
	3	68.4%	67.3%	5.32	303	4.61	235	108		
	4	75.0%	77.1%	6.12	348	5.82	275	165		
	5	79.4%	83.1%	—	—	5.90	280	175		
	6	86.2%	87.8%	—	—	6.01	303	180		
	7	88.4%	91.1%	—	—	6.39	308	182		
	8	99.4%	101%	—	—	6.65	315	185		

续表

梁号	加载分级	荷载效应（相对于挂-100）		加固前主梁挠度/mm	加固前主梁跨中梁底混凝土应变/(με)	加固后主梁挠度/mm	加固后主梁跨中梁底混凝土应变/(με)	加固后主梁跨中梁底碳素纤维应变/(με)	加固前固有频率/Hz	加固后固有频率/Hz
		跨中弯矩最不利	支点剪力最不利							
东跨3号梁	1	45.4%	46.3%	3.13	101	3.26	136	92	竖直方向自振频率为10.63 Hz，横向自振频率为8.25 Hz	竖直方向自振频率为10.71 Hz，横向自振频率为9.35 Hz
	2	61.5%	63.1%	4.07	212	4.31	212	133		
	3	68.4%	67.3%	4.42	252	4.35	232	139		
	4	75.0%	77.1%	4.80	284	5.87	260	173		
	5	79.4%	83.1%	—	—	5.90	265	175		
	6	86.2%	87.8%	—	—	5.94	293	180		
	7	88.4%	91.1%	—	—	6.01	301	185		
	8	99.4%	101%	—	—	6.40	309	187		

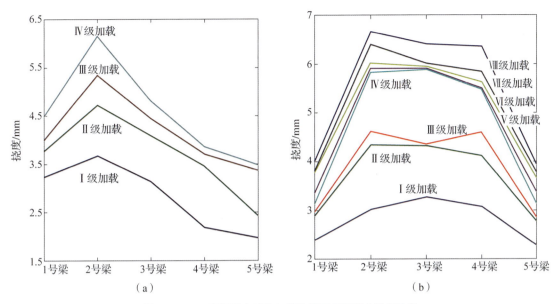

图 1-6-2 弯矩最大对称加载作用下各梁跨中挠度示意
（a）加固前；（b）加固后

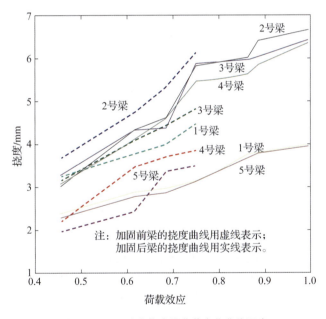

图 1-6-3 跨中挠度随荷载变化曲线示意

对比同一位置的梁底混凝土和碳素纤维应变，发现同一荷载量级下，碳素纤维的应变小于混凝土应变30%~35%之多，而根据线弹性理论和平截面假定，碳素纤维应变应与同位置混凝土应变近似。本节针对这一碳素纤维应变滞后的现象，进行了初步研究。

1.6.4.3 碳素纤维应变滞后原因分析

本次加固所采用的碳素纤维和结构胶的一些主要的性能指标如表1-6-2所示。从

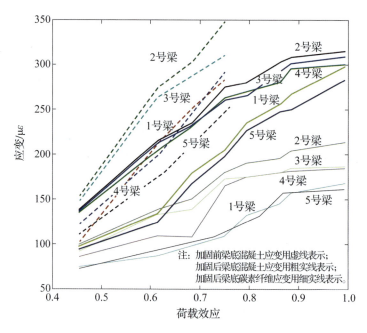

图 1-6-4 跨中梁底应变随荷载变化曲线示意

表 1-6-2 可见,碳素纤维和钢筋相比,抗拉强度高,弹性模量稍大一点;结构胶和混凝土相比强度高,但弹性模量较低,相当于 30#混凝土弹性模量的 19%。高强的碳素纤维发挥作用主要凭借和混凝土的同步变形,而结构胶是保证二者能够同步变形的关键所在。结构胶弹性模量的大小对二者共同变形产生怎样的影响,为此本节基于有限元分析,探讨了纯弯受力状态下该因素的影响。计算模型中简支混凝土矩形梁体采用了块体单元,碳素纤维采用膜单元,结构胶层采用块体单元。首先保持结构胶层厚度不变($h=5$ mm),改变结构胶层弹性模量的大小,分析跨中同一位置碳素纤维和混凝土梁底应变的变化,结果如图 1-6-5 所示;继而保持结构胶层弹性模量不变,改变结构胶层的厚度,分析跨中同一位置碳素纤维和混凝土梁底应变的变化,结果如图 1-6-6 所示。

表 1-6-2 碳素纤维和结构胶性能指标

碳素纤维型号	纤维种类	面积质量 /(g·m^{-2})	设计厚度 /mm	抗拉强度 /(N·mm^{-2})	抗拉弹性模量 /(N·mm^{-2})
FTS-CI-20	高强度	200	0.111	3 550	2.35E5
结构胶种类	抗拉强度 /MPa	抗剪强度 /MPa	抗压强度 /MPa	固化收缩率	弹性模量 /MPa
J型结构胶	>35	>18	70~90	0.05%~0.10%	5.7E3

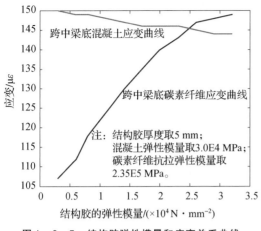
图1-6-5 结构胶弹性模量和应变关系曲线

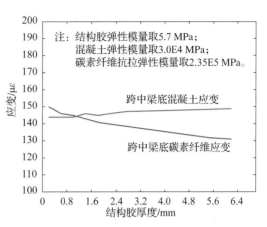
图1-6-6 结构胶层厚度和应变关系曲线

从图1-6-5可以看出，随着结构胶弹性模量的增大，碳素纤维的应变显著增加，当到2.52E4 N/mm² 时，和混凝土应变趋于一致，进一步增大，碳素纤维的应变稍大于混凝土的应变。从图1-6-6可以看出，当结构胶的厚度很薄时，碳素纤维的应变稍大于或接近混凝土的应变，随着厚度的增加，碳素纤维应变逐渐减小，和混凝土的应变差距变大。

经过计算分析，证明了结构胶的弹性模量和结构胶层的厚度是影响碳素纤维和混凝土共同工作的两方面因素，旧桥加固采用了比混凝土弹性模量低一个数量级的结构胶，同时碳素纤维又粘贴了2~4层，致使结构层变得比较厚，从而造成了碳素纤维应变滞后的现象。

1.6.5 小结

针对本节论及的旧桥采用施加横向预应力和碳素纤维结合的加固办法是行之有效的，不但较大幅度地提高了全桥的承载力，而且几乎没有增加恒载自重，施工周期为20 d，方便快捷。碳素纤维加固采用的结构胶的弹性模量和厚度是保证碳素纤维和混凝土梁共同工作的关键所在，结构胶层厚度宜小，粘贴层数不宜过多，同时弹性模量宜高，最好和混凝土的弹性模量近似。碳素纤维施工工艺较为关键，粘贴碳素纤维时不能很好地将碳素纤维拉紧固定是碳素纤维加固施工的一个遗憾，期待发明预紧装置，以使碳素纤维加固施工时能在较长的一段时间内保持拉紧状态。碳素纤维强度高，宜使之尽早地发挥作用，在条件允许的情况下，粘贴碳素纤维应在消除结构的恒载条件下进行，并建议采用预应力碳素纤维产品。

1.7 悬链线空腹拱拱轴系数计算程序的编制及应用

1.7.1 基本原理

悬链线拱轴方程的主要参数是拱轴系数 m，m 确定后，悬链线拱轴上各点的纵坐标就可求得。对于空腹拱的拱轴系数 m 的求解，一般采用"五点重合法"，即要求悬链线拱轴有五点（拱顶、两个 1/4 点和两个拱脚）与恒载压力线重合。欲达此目的，可根据上述五点弯矩为零的条件确定 m 值。建立如图 1-7-1 所示的坐标系，在该坐标系下拱轴线方程为：

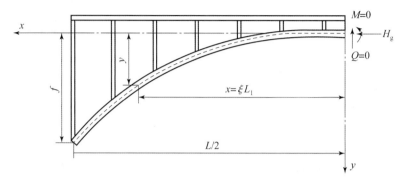

图 1-7-1 悬链线拱坐标系

$$y = \frac{f}{m-1}[\operatorname{ch}(k \cdot \xi) - 1] \quad (1-7-1)$$

式中 y——拱轴线的 y 坐标；

f——拱的计算矢高；

$\xi = \dfrac{x}{L_1}$，$L_1 = \dfrac{x}{L}$；

L——拱的计算跨径；

$k = \dfrac{1}{\operatorname{ch} m} = \ln(m^2 + \sqrt{m^2-1})$。

当 $\xi = 1/2$ 时，$y = y_{1/4}$，由式（1-7-1）得：

$$y_{1/4} = \frac{f}{m-1}\left(\operatorname{ch}\frac{k}{2} - 1\right) \quad (1-7-2)$$

进而得到：

$$m = \frac{1}{2}\left(\frac{f}{y_{1/4}} - 2\right)^2 - 1 \quad (1-7-3)$$

根据拱脚和拱跨 1/4 截面弯矩为零的条件，可得：

$$\frac{y_{1/4}}{f} = \frac{\sum M_{1/4}}{\sum M_j} \quad (1-7-4)$$

$$H_g = \frac{\sum M_j}{f} \quad (1-7-5)$$

$$\frac{y_{1/4}}{f} = \frac{\sum M_{1/4}}{\sum M_j} \quad (1-7-6)$$

式中 $\sum M_{1/4}$——拱顶至拱跨 1/4 点的恒载对 1/4 截面的力矩；

$\sum M_j$——半跨恒载对拱脚截面的力矩；

H_g——拱顶截面的水平推力。

欲求得 $\sum M_{1/4}$ 及 $\sum M_j$，首先要确定恒载，而恒载又与拱轴线形状有关。故应先假定一个 m 值，定出拱轴线，布置拱上建筑，然后计算拱圈和拱上建筑恒载对拱脚和 $\frac{1}{4}L$ 截面的力矩，利用式（1-7-6）计算出 $f/y_{1/4}$，然后代入式（1-7-3），算出 m 值，然后再和假定的 m 值相比较，如不相符合且出入较大，则以求得的 m 值为假定值，重新计算，以求逐渐接近。

从以上所述的计算方法不难看出，拱轴系数计算是一个反复试算过程，在每一次计算过程中，由于拱轴系数 m 的改变，从而引起拱圈及拱上建筑的调整，如果反复试算次数达到4~5次，则采用手算结合查表的方法求解将是一个非常复杂的过程。鉴于电算的突出优点，作者试图编制相应的计算程序，借助于计算机，来实现这一目的。

1.7.2 程序设计

1.7.2.1 主拱圈恒载弯矩的处理

主拱圈恒载弯矩的计算分成以下六步进行：

（1）对整个拱圈沿 x 坐标进行 n 等分，通常分为24或48等份。

（2）确定拱轴线在每个等分段两端点的坐标，如图1-7-2所示。

（3）近似地用等分段的直线长度来替代它的实际长度，则等分段的长度可用下式表示：

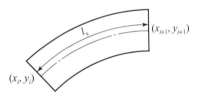

图1-7-2 拱轴线坐标示意

$$l_s = \sqrt{(x_{i+1} - x_i)^2 + (y_{i+1} - y_i)^2} \quad (1-7-7)$$

（4）计算每个等分段的重量：

$$G_s = A_s \cdot l_s \cdot r \quad (1-7-8)$$

式中　G_s——等分段的重量；
　　　A_s——截面面积；
　　　l_s——等分段的长度；
　　　r——材料重度。

（5）计算每个划分单元重心至拱圈四分点和拱脚的力臂之长。

首先计算出四分点截面及拱脚截面重心坐标，然后分别对每一个等分单元逐一判断其重心是否处在拱四分点与拱顶以及拱脚与拱顶之间，如图1-7-3所示。然后可按式（1-7-9）、式（1-7-10）算出力臂。

$$l_{1/4} = x_{1/4} - x_{0i} \quad (1-7-9)$$
$$l_j = x_j - x_{0i} \quad (1-7-10)$$

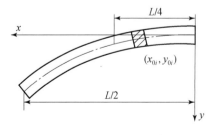

图1-7-3 拱轴线示意

式中 $l_{1/4}$——划分单元重心至拱四分点之间的距离,即划分单元的恒载对四分点的力臂。

l_j——划分单元重心至拱脚之间的距离,即划分单元的恒载对拱脚的力臂。

(6) 计算 $\sum M_{1/4}$ 及 $\sum M_j$。

$$\sum M_{1/4} = \sum G_s \cdot l_{1/4}$$

$$\sum M_j = \sum G_s \cdot l_j$$

1.7.2.2 横隔板恒载弯矩的处理

一般悬链线箱拱横隔板采用等弧长布置,如图 1-7-4 所示。欲求横隔板的恒载弯矩,首先应知每块隔板重心坐标 (x, y)。假定隔板重心与拱轴线和隔板的交点吻合,拱顶截面重心 (x_0, y_0) 及隔板布置间隔已知,则可以得到式 (1-7-11):

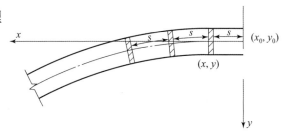

图 1-7-4 隔板重心示意

$$\int_{x_0}^{x} \sqrt{1 + y'^2} = s \quad (1-7-11)$$

而:

$$\begin{cases} y = \dfrac{f}{m-1}\left[\operatorname{ch}\left(k \cdot \dfrac{2x}{l}\right) - 1\right] \\ y' = \dfrac{f}{m-1} \cdot \dfrac{2k}{l} \cdot \operatorname{sh}\left(\dfrac{2k}{l} \cdot x\right) \end{cases} \quad (1-7-12)$$

则式 (1-7-11) 可写为:

$$\int_{x_0}^{x} \sqrt{1 + \left[\dfrac{f}{m-1} \cdot \dfrac{2k}{l} \cdot \operatorname{sh}\left(\dfrac{2k}{l} \cdot z\right)\right]^2} \cdot \mathrm{d}z = s \quad (1-7-13)$$

式 (1-7-13) 是 x 的一元方程式,为求解 x,采用了 Newton-Raphson 和梯形求积法相结合的方法。编制了相应的计算子程序。待确定隔板重心坐标之后,采用和拱圈恒载相同的处理方式计算 $\sum M_{1/4}$ 及 $\sum M_j$。

1.7.2.3 拱上建筑恒载弯矩的处理

(1) 行车道板、桥面铺装等效为均布荷载,如图 1-7-5 所示,则:

$$\begin{cases} \sum M_{1/4} = \dfrac{1}{8}ql^2 \\ \sum M_j = \dfrac{1}{2}ql^2 \end{cases} \quad (1-7-14)$$

(2) 盖梁、行车道垫板以及排架垫梁等效为集中荷载,如图 1-7-6 所示,则:

$$\sum M = \sum F_i \cdot x_i \quad (1-7-15)$$

(3) 排架等效为集中力。排架的高度 x 随拱轴系数的每一次调整而发生变化,从而排架的恒载弯矩是 x 的函数。

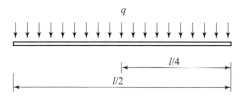

图 1-7-5 行车道板、桥面铺装
简化为均布荷载示意

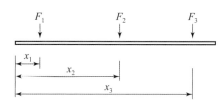

图 1-7-6 盖梁、行车道垫板、
排架垫梁简化为均布荷载示意

1.7.3 工程实例

某跨河大桥推荐方案采用净跨 80 m 的等截面悬链线空腹式箱拱。方案立面布置图如图 1-7-7 所示。该桥拱轴系数的计算就采用了编制的程序。

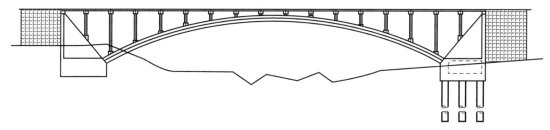

图 1-7-7 某等截面悬链线空腹式箱拱桥

以数据文件的形式给出结构的基本控制参数，然后在 [0，10] 范围内随意给出一个拱轴系数的初始值，程序便可自动运行，迭代精度为 0.002 5，即最终迭代值和上一次迭代值之差不大于 0.002 5。通过迭代计算最终给出一个精确且合理的拱轴系数。表 1-7-1 给出了需要输入的控制参数，表 1-7-2 给出了计算结果。

表 1-7-1 输入控制参数表

控制参数	净矢高 /m	净跨径 /m	拱圈截面重心到截面下缘之距/m	截面面积 /m²	混凝土重度 /(kN·m⁻³)	等分单元数	横隔板数
输入值	11.43	80.00	0.83	4.78	25	48	16
控制参数	单块横隔板重量 /kN	横隔板分布间距 /m	隔板重量 /kN	桥面铺装等效均布荷载 /(kN·m⁻¹)	行车道板等效均布荷载 /(kN·m⁻¹)	拱上立柱个数（半拱）	垫石重量 /kN
输入值	8.07	2.7	15.44	17.60	55.88	7	13.44
控制参数	盖梁重量 /kN	立柱重度 /(kN·m⁻³)	横系梁重量/kN	底垫梁重量/kN	立柱间距 /m		
输入值	148.75	27	54.6	53.07	6.0		

表 1-7-2 计算结果表

初始 m 值	迭代过程中的 m 值		拱圈恒载弯矩 /(kN·m)		隔板恒载弯矩 /(kN·m)		桥面恒载弯矩 /(kN·m)		排架盖梁恒载弯矩/(kN·m)	
1.2	第一次迭代	1.752 321	四分	24 553.76	四分	507.611	四分	18 177.10	四分	6 848.077
	第二次迭代	1.694 519								
	终值	1.694 519	拱脚	100 131.40	拱脚	2 287.020	拱脚	727 089.39	拱脚	41 335.940
1.6	第一次迭代	1.746 085	四分	24 553.76	四分	507.613	四分	18 177.80	四分	6 848.073
	第二次迭代	1.694 606								
	终值	1.694 606	拱脚	100 131.40	拱脚	2 287.021	拱脚	72 708.39	拱脚	41 335.900
3.4	第一次迭代	1.676 811	四分	24 553.76	四分	507.613	四分	18 177.11	四分	6 848.034
	第二次迭代	1.703 424								
	第三次迭代	1.695 571	拱脚	100 131.30	拱脚	2 287.019	拱脚	72 708.45	拱脚	41 335.440
	终值	1.695 571								

利用本节编制的程序计算拱轴系数不但简便而且准确,相较采用手算的方法,极大地提高了工作效率。

1.7.4 小结

拱轴系数的选取多采用试算法,利用试算法的基本原理辅以计算程序,不但简便而且准确,极大地提高了工作效率。同时编程的过程也是对原理进行深刻领会多次消化理解的过程,对设计人员来说,结合工程实践编一些小的实用软件是一个不错的职业习惯。

1.8 一种快速架设的充气式桥梁结构研究

充气支撑环是一种气胀式结构,具有一定的承载能力,气胀式结构的承载原理是:膜囊在充气后得到较大内压,内压使膜面产生张力,膜的张力连同内压可抵抗外荷载,从而实现承力的作用。它具有重量轻、承载能力强的优点。目前充气式结构多用于航空航天、近空间飞行器和大型建筑领域。在桥梁领域尤其是满足应急快速架设桥梁领域则未见报道。

1.8.1 充气式桥梁结构体系

笔者创新发明了一种新型的快速架设的充气式桥梁结构体系，主体由充气环和其上的桥面承载板构成。以充气环为竖向支撑基本受力构件，充气环既可以单环独立形成支撑，又可以多个单环并列拼装成一组形成支撑，当桥梁跨越山谷时，充气环可以作为支撑单元在桥梁跨度方向形成竖向支撑，从而减少桥面支撑距离，多组充气环之间以及充气环和两侧山谷之间形成填充嵌锁关系后，可以进一步减少桥面沿跨度方向支撑点的距离，从而减小桥面承载板的厚度，实现快速拼装、快速架设的目的。用于桥梁承载的充气环一般为高压充气，其内压为 0.2～0.7 MPa，充高压气环一般由密闭内胆、受力层、外套三次叠合构成，密闭内胆主要提供封闭不漏气的环境，由高韧橡胶材料构成；受力层由高抗拉强度的材料构成，可采用碳纤维、聚酯纤维或在橡胶层外复合高强钢丝等材料；外套主要提供表面必要的摩阻力和抗磨耗的能力，可由帆布等材料构成。三层叠合的厚度一般在 5～10 mm 范围。

图 1-8-1 为例给出了跨越山谷的三种形式。图 1-8-1（a）为单环支撑示意，可将单跨跨度减小至二分之一；图 1-8-1（b）为双环支撑，可将单跨跨度减少至三分之一；图 1-8-1（c）为多环支撑，适用于山谷较深的情况，在满足稳定的条件下，可以实现双层充气环叠合支撑。可见基于充气环作为支撑构件的结构形式可以有相对灵活的组合，从而适用于不同跨度、不同深度。

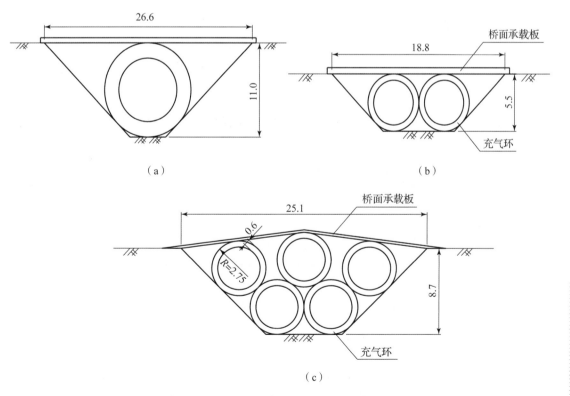

图 1-8-1　充气式桥梁结构体系示意（单位：m）
（a）跨向单环支撑；（b）跨向双环支撑；（c）跨向多环支撑

图1-8-1（a）中所示的充气环外圆直径对应11.0 m，充气环断面直径为1.8 m，图1-8-1（b）、（c）中所示的充气环外圆直径对应5.5 m，充气环断面直径为0.6 m，单环的三维计算模型如图1-8-2所示。横向几个单环并列拼装构成一组，如图1-8-3所示。

图1-8-2　单环三维示意

图1-8-3　多个单环并列拼装三维示意

1.8.2　充气式桥梁结构体系承载性能研究

1.8.2.1　计算模型

物理力学模型模拟的问题涉及大变形，接触高度非线性问题，桥面承载板、山谷底部及两侧的山体以及充气环均采用三维壳单元进行分析。模型物理力学参数如表1-8-1所示。

表1-8-1　物理力学指标

模型名称	密度 /(g·mm^{-3})	弹性模量 /MPa	泊松比	结构厚度 /mm	结构宽度 /m
山谷两侧山体	—	3.0E4	0.27	500	7
充气环	1.0	4E3	0.32	10/6	—
桥面承载板	7.85	2.0E5	0.3	250	6

模型尺寸：山体边界选择了相对尺寸较大的单元，大小为1 000 mm×1 000 mm左右；充气环为提高接触分析精度，细分了单元，其大小为50 mm×50 mm左右；桥面承载板单元的划分尺寸介于二者之间，单元大小为500 mm×500 mm。

材料本构关系：采用弹性本构。

相互作用：充气环和山体之间为接触关系，切向摩擦系数为0.1，法向接触为硬接触；充气环和桥面承载板之间为接触关系，切向摩擦系数为0.1，法向接触为硬接触。充气环横向拼接之间为绑定连接。

边界条件：山谷四周为固定约束，桥面承载板两端为简支约束。

荷载：加载步分为三步，即充气环内部加压、结构自重、桥面局部荷载（6.41 kN/m²）。充气环施加内压即在膜单元内表面施加压强荷载。

图 1-8-1 对应的三种结构体系三维模型如图 1-8-4 所示。

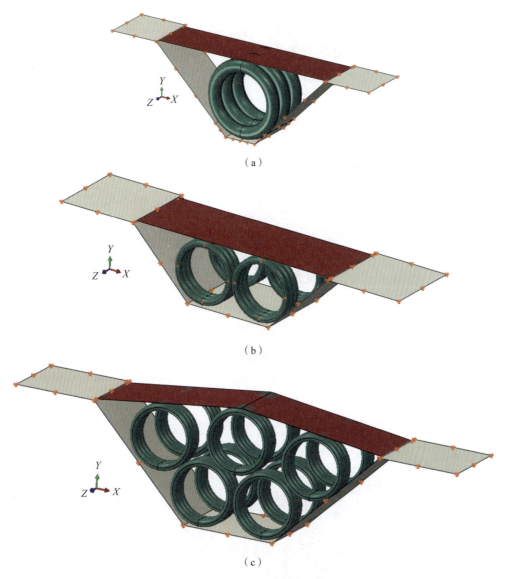

图 1-8-4　充气式桥梁结构计算模型
(a) 跨向单环支撑；(b) 跨向双环支撑；(c) 跨向多环支撑

1.8.2.2　跨向单环承载力分析

充气环加压后的 Mises 应力云图如图 1-8-5 所示，峰值为 70.6 MPa；桥面加载后 Mises 应力云图如图 1-8-6 所示，峰值为 72.1 MPa，变化仅为 1.5 MPa，可见在桥面施加总重 102.3 t 的均布荷载后，充气膜的应力并没有大幅提高，说明了充气膜在受力的均衡性方面有着明显优势。膜体应力均在膜体材料允许应力范围之内。

图1-8-5 充气环加压（0.7 MPa）后结构 Mises 应力云图

图1-8-6 桥面加载（0.006 41 MPa）后结构 Mises 应力云图

充气环加压后的竖向位移云图如图1-8-7所示，桥面跨中峰值为43.9 mm，呈上拱形态；桥面加载后竖向位移云图如图1-8-8所示，桥面跨中峰值为-47.3 mm，二者之和即为桥跨在桥面荷载作用下的竖向位移，即91.2 mm，为跨度26 600 mm 的1/292，可见在桥面施加总重102.3 t 的均布荷载后，跨中垂向位移在允许的范围之内，说明充气环结构在刚度方面能满足要求。

图1-8-7 充气环加压（0.7 MPa）后结构竖向位移云图

1.8.2.3 跨向双环承载力分析

充气环加压后的 Mises 应力云图如图1-8-9所示，峰值为41.3 MPa；桥面加载后 Mises 应力云图如图1-8-10所示，峰值为60.7 MPa，应力增加19.4 MPa，膜体应力均在膜体材料允许应力范围之内。

第 1 章 特种桥梁工程技术

图 1-8-8 桥面加载（0.006 41 MPa）后结构竖向位移云图

图 1-8-9 充气环加压（0.7 MPa）后结构 Mises 应力云图

图 1-8-10 桥面加载（0.006 41 MPa）后结构 Mises 应力云图

充气环加压后的竖向位移云图如图 1-8-11 所示，桥面跨中峰值为 8.1 mm，呈上拱形态；桥面加载后竖向位移云图如图 1-8-12 所示，桥面跨中峰值为 -28.6 mm，二者之和即为桥跨在桥面荷载作用下的竖向位移，即 20.5 mm，为跨度 18 800 mm 的 1/917，可见在桥面施加总重 72.3 t 的均布荷载后，跨中垂向位移在允许的范围之内，说明充气环结构在刚度方面能满足要求。

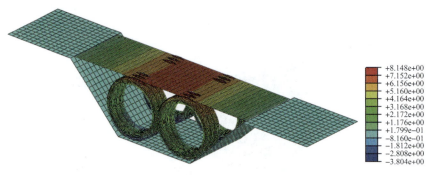

图 1-8-11 充气环加压（0.7 MPa）后结构竖向位移云图

图 1-8-12 桥面加载（0.006 41 MPa）后结构竖向位移云图

1.8.2.4 跨向多环承载力分析

充气环加压后的 Mises 应力云图如图 1-8-13 所示，峰值为 52.3 MPa；桥面加载后 Mises 应力云图如图 1-8-14 所示，峰值为 58.4 MPa，应力增加 6.1 MPa，膜体应力均在膜体材料允许应力范围之内。

图 1-8-13 充气环加压（0.7 MPa）后结构 Mises 应力云图

充气环加压后的竖向位移云图如图 1-8-15 所示，桥面跨中峰值为 10.1 mm，呈上拱形态；桥面加载后竖向位移云图如图 1-8-16 所示，桥面跨中峰值为 -33.6 mm，二者之和即为桥跨在桥面荷载作用下的竖向位移，即 43.7 mm，为跨度 25 100 mm 的 1/574，可见在桥面施加总重 96.5 t 的均布荷载后，跨中垂向位移在允许的范围之内，说明充气环结构在刚度方面能满足要求。

图1-8-14 桥面加载（0.006 41 MPa）后结构 Mises 应力云图

图1-8-15 充气环加压（0.7 MPa）后结构竖向位移云图

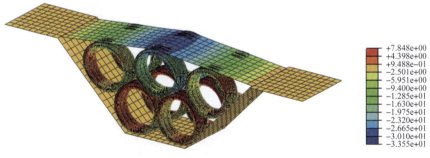

图1-8-16 桥面加载（0.006 41 MPa）后结构竖向位移云图

基于以上分析可知，充气环在强度及刚度两个方面都能满足桥梁承载要求，且具有较大的安全储备。目前高强膜材的抗拉强度可达1 000 MPa以上，而以上三种桥型最大的膜材应力均在几十兆帕以内，膜体厚度尚有进一步减薄的空间，但考虑到膜体的厚度和其刚度有一定关系，故膜体厚度也不能过薄，一般取3~10 mm 是恰当的。

单充气环的膜体质量可控制在80~150 kg，从而为实现快速拼装提供了可能。充气环的组合可以大幅降低桥面承载板的单跨跨径，也为桥面承载板实现快速拼装提供了可能。

另外，结构安全除了强度、刚度以外，还有稳定问题值得重视，充气环构成的承载体系尚有稳定问题值得进一步研究，包括整体稳定和局部稳定，而这些又和充气环拼接工艺、稳定措施紧密相关，而且在构造方面还有充气环作为竖向支撑和桥面承载板之间的连接等问题，这些内容将在下一阶段重点研究。

1.8.3 小结

笔者创新发明的一种新型快速架设的充气式桥梁结构体系，具有明显的优点和特点。

（1）数值计算证明，充气环在充气桥实现竖向承载方面能满足强度和刚度的需要，膜体应力控制在几十兆帕之内，跨中竖向挠度控制在跨径的 1/290 之内，整体上是科学可行的。

（2）充气环质量很轻，一般能控制在 150 kg 之内，为实现快速拼接提供了方便。

（3）充气环在组合方面比较灵活，既可以在跨度方向组合，又可以在山谷深度方向组合，从而可以较好地适应不同的跨越地形。

（4）高强膜体材料的发展为充气环提供较多可以选择的材料，如碳素纤维、聚酯纤维、玻璃纤维等，均可满足应力需求。

（5）充气环尚有稳定问题值得进一步研究，包括整体稳定和局部稳定。另外，在构造方面还有充气环作为竖向支撑和桥面承载板之间的连接等问题。

1.9 体外预应力加固技术

体外预应力技术属于后张预应力体系的一个分支，属于无粘结预应力结构技术的范畴，其对在混凝土截面以外的预应力筋做张拉，应力向混凝土的传递是通过体外端部锚具及转向块来实现的。因为体外预应力加固技术施工简单，不增加结构自重，提高桥梁承载力效果好，而且可以有效改善结构性能及控制裂缝的发展，所以在桥梁加固工程中应用比较广泛。

1.9.1 基本计算原理

1.9.1.1 体外预应力混凝土桥梁全过程分析的方法

现在常用的体外预应力混凝桥梁全过程分析方法主要有三种：第一，利用数值分析或者试验的结果，以整体变形协调及梁截面受力平衡为基础，利用相关的系统软件进行全过程分析。该分析方法所采用的是联立方程计算体外预应力筋转向以及摩阻滑动，要将诸如二次效应等几何非线性影响因素考虑进去。不过通常该方法常用于整体式简支梁的分析，而节段式梁则不适用。第二，采用钢筋混凝土非线性分析原理结合试验成果，利用平面梁单元非线性有限元分析原理，分别建立起混凝土、节段接缝、钢筋以及体外预应力筋摩阻滑动等分析模型，再利用相关软件做全过程分析。这种分析方法在进行体外预应力混凝土桥梁的受力性能模拟方面比较细致。第三，就是在钢筋混凝土非线性分析原理的基础上，利用空间非线性有限元分析法对钢筋及混凝土的受力过程进行模拟，再利用软件做全过程分析，这种方法和普通钢筋混凝土非线性分析的方法比较相近，不过相对来说体外预应力筋滑动及节段接缝的分析模型比较简单。

1.9.1.2 计算体外预应力混凝土梁抗弯承载能力极限状态

当抗弯承载能力处于极限状态时，整体梁截面的受拉区体内的纵向预应力筋应力、普通钢筋以及节段式梁接缝截面受拉区体内预应力筋应力等，都已经比屈服强度或者条件屈服强度要大，并且经过相对较大的塑性应变以后，其应力基本为极限强度；并且此时体外预应力筋的应力相对较低，有些部分并未达到条件屈服强度，有些部分尽管比条件屈服强度要大，但是其塑性应变并没有再进行充分的发展。对体外预应力混凝土梁的抗弯极限承载力产生直接影响的因素主要有以下几个：加载和施工的方法、体内及体外的配筋比和跨高比，而其他的因素则相对次要。抗弯极限承载能力受到加载和施工方法、体内及体外配筋比和跨高比的影响可以分为直接影响和间接影响两个部分。影响抗弯极限承载力的直接影响因素利用简单的计算就可以得出，但是间接影响只能对相关试验结果做出分析才能得出，或者利用结构非线性有限元分析而得出。

1.9.1.3 计算抗剪承载能力的极限状态

发生剪压破坏时，剪压区的混凝土受到纵向压应力以及竖向剪应力共同作用，达到极限强度，节段式梁的剪压破坏就表现为接缝开展、竖裂缝或者斜裂缝等形式。体外预应力混凝土梁的抗剪承载力，一般由以下几个主要因素共同组成：混凝土截面所提供的承载力、弯起预应力筋所提供的承载力、箍筋所提供的承载力等。此外，体内的纵向配筋以及纵向预应力对混凝土的截面承载力也会起到一定的作用。对试验的参数做出分析可以得出，如果混凝土的强度基本相同，抗剪承载力受到以下主要因素的影响：施工的方式方法、体内外预应力筋的配比、纵向的预应力以及剪跨比和配箍率等因素，而其他的因素对其影响相对较小。同样，抗剪承载力受到主要因素的影响也分为直接影响及间接影响两个部分，其中梁体的受力性能及抗剪承载力受到施工的方式方法以及配箍率和剪跨比的直接影响；而体内外的预应力配筋比及纵向预应力等因素，会对混凝土的抗剪承载力、梁体的变形、裂缝的水平长度变化、裂缝发生及发展、体外的预应力筋极限应力、二次效应等产生间接的影响。

1.9.2 工程案例——某基地3号铁路桥加固

1.9.2.1 旧桥基本情况

某基地黑河 X 号铁路桥的上部结构由 10 孔 16 米 Ⅱ 型普通钢筋混凝土梁组成，桥面线路为平坡直线，桥梁全长 178.98 m。下部桥墩为圆端型 140 级钢筋混凝土重力式桥墩，桥台为扩大基础 U 形桥台，桥墩基础为沉井。设计荷载为中 – 22 级。上部结构按照"大 – 116"定型图施工，桥台按"桥台 – 大 – 106"定型图施工。

X 号桥始建于 1961 年，建成后火车运行了两年，后因故拆除轨道改为公路桥使用，1993 年又恢复铁路桥功能。历史上未对桥梁做过任何的保养和维修。为确保桥梁安全，基地专线主管部门分别于 2000 年 8 月、2001 年 5 月，先后邀请兰州铁路局桥梁检测队

(简称"兰检")和郑州铁路局桥梁检测队(简称"郑检")对该桥进行了检测试验,并各自提交了检测报告。

"兰检"和"郑检"先后对该桥做了静、动载试验,两单位的静、动载试验都围绕结构的静应变、静应力和动应变、动应力进行。

1. 静载试验

"兰检"的试验对象为第八孔、"郑检"的试验对象为第一和第三孔。"兰检"的鉴定报告中未对静应力测试结构做出评论,仅提供了挠度、静应力整理表。"郑检"根据两孔的静力测试结果,提出了静力鉴定结论。从静力测试结果来看,可以得出以下结论:

(1) 结构强度满足设计要求。
(2) 梁体裂缝对梁的受力特性略有影响。
(3) 梁体主筋受力较为均匀,工作状态良好。
(4) 跨中挠度经换算至中活载时接近规范限值($L/4\,000$ 即 4 mm)。
(5) 跨中截面实测中性轴的位置较理论中性轴位置,有明显的上移现象。

2. 动载试验

"郑检"和"兰检"分别针对不同车速条件下钢筋和混凝土的动应变、动应力进行了测定,又与相同条件下的静应变、静应力相比,确定了动力冲击系数。

"兰检"测出的冲击系数则大于规范公式计算值,并由此得出了"该梁目前技术状态极度恶化"的结论。

检测报告结论:虽然3号桥还能在一段时间内正常工作,但从郑州铁路局桥梁检测队对该桥的检测报告中"跨中截面实测中性轴的位置较理论中性轴位置,有明显的上移现象";另外,由于原结构带有一定的初始缺陷,且已有40年的历史;基于以上原因,认为3号铁路桥实施维修是必要的。

1.9.2.2 加固方案

针对该桥的特点,从保证使用安全、节省资金、加固施工简洁快速、加固效果显著的目的,提出了该加固方案。加固方案通过施加体外预应力使该结构由普通钢筋混凝土结构变为部分预应力结构,预应力度 $\lambda = 0.6$。施加预应力一是改善结构的受力行为,二是提高结构的整体刚度,减少下挠,三是提高结构的极限承载能力,增加结构的安全储备。预应力筋采用直径 28 mm 的高强螺纹钢筋。该加固方案工序如下:成品件(锚块、滑块、定位滑板等)提交工厂加工并按时到位—打磨安装部位混凝土面层并涂抹环氧树脂砂浆—安装部位混凝土打孔—安装锚块并内穿高强锚栓施加预应力—安装定位滑板并内穿内涨螺栓—安装体外预应力钢筋和滑块—施加预应力—粘贴受拉区碳素纤维和受剪区受剪碳素纤维。在梁底粘贴碳素纤维(一层)有两个目的:一是提高结构的极限承载能力,增加结构延性;二是改善原结构梁底的蜂窝、麻面状态,消除空洞,保护内部钢筋免受腐蚀。体外预应力加固纵向布置图如图 1-9-1 所示,横断面如图 1-9-2 所示。竣工后照片如图 1-9-3 所示。加固后的桥梁运营至今已有20余年,使用效果良好。

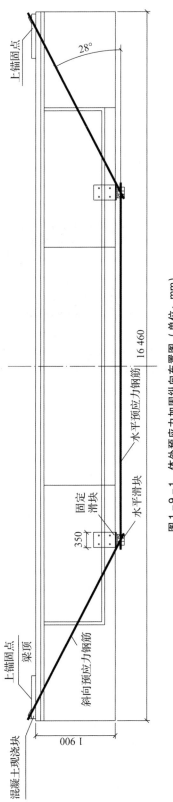

图 1-9-1 体外预应力加固纵向布置图（单位：mm）

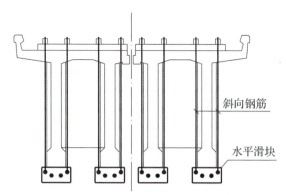

图 1-9-2 体外预应力加固横向布置图

图 1-9-3 体外预应力加固竣工照片

1.9.3 小结

体外预应力加固技术施工简单、不增加结构自重、提高桥梁承载力效果好，但也应注意，无粘结预应力特有的预应力筋和梁体之间的相对滑移，其极限承载能力没有相同配筋数量的有粘结预应力结构大，但其对改善加固梁体的应力状态，提高结构刚度和整体性是有很大帮助的。

1.10　桥梁选型的灵活性设计

1.10.1　灵活性设计基本概念

公路工程设计中的一个重要理念是：每一个公路建设项目都是独一无二的，其相应的地理位置、环境特征、使用者需求都具有唯一性，这些都是设计人员必须考虑的因素。无论是对现有项目进行安全性改造，还是新建数十公里的乡村公路，都没有统一的解决模式。设计师所面临的任务是：寻求一种在满足安全和需求的同时，要与周围自然条件、人文环境相和谐的解决方案。为了做到这一点，设计师们需要具有灵活性，包括充分考虑道路沿线景观和视觉效果，尊重河流、小溪和自然排水系统，尊重历史上形成的小路，充分认识到边界、护栏、树木形成的线条，保护原始地貌，保护耕地和农田等。在试验场公路建设过程，设计人员结合地貌特征，考虑造价经济等因素，因地制宜，创作了许多具有乡土风情的桥梁作品，下面选择几个做些介绍。

图 1-10-1 中 3×6 m 斜交 45°连拱桥跨越 40 m 宽季节性河谷，周围地貌均为黄土杂树、杂草丛生的地貌，选择造价经济的石砌拱桥具有较好的环境匹配性，且耐久免维护。

图 1-10-1　3×6 m 斜交 45°连拱桥

1.10.2　几个例子

图 1-10-2 中 7×3 m 连拱桥跨越 30 m 宽季节性河流，为当地试验场周边百姓出行提供服务。同样选择造价经济的石砌拱桥具有较好的环境匹配性，且耐久免维护。

图 1-10-2　7×3 m 连拱桥

图 1-10-3 中 4×6 m 连续板桥跨越 24 m 宽季节性河流，该桥地处戈壁荒滩，沙漠戈壁降雨很少，但一旦有暴雨，地面会形成比较强的径流，在原地貌有冲沟段一般桥涵设计上会尊重原冲沟路径，采用宽扁式桥涵结构跨越通过。

图 1-10-3　4×6 m 斜交 45°连续板桥

图 1-10-4 中为一跨 60 m 刚架拱桥跨越近 60 m 宽大峡谷，该桥地处戈壁荒滩，两岸与河谷高差较大，有 25 m 左右，且两岸地基承载力较高，为拱桥方案提供了较为理想的场地，考虑地处无人区，全桥不设一个支座，平时不需要维护，较好地适应了地貌、地形。

图 1-10-4　60 m 刚架拱桥

图 1-10-5 中为一跨 40 m 空腹式圬工拱桥跨越近 40 m 宽河流，该桥所处的地质环境为基岩出露区，是修建较大跨度拱桥的理想场所。平时不需要维护，较好地适应了所处的自然环境。

图 1-10-5　40 m 空腹式圬工拱桥

1.10.3　小结

灵活性设计的核心是尊重与和谐，设计的产品不追求高大上。在野外荒泽之处，往往造价较小、古朴自然的建筑作品更为恰当，在满足功能性的同时将自身融入自然之中，仿佛浑然天成。

第 2 章

特种道路工程技术

本章基于工程实践,研究探讨了风积沙筑路、软基加固、嵌锁式面板加筋挡土墙、装配式预应力混凝土道面、新型的倒刺锚杆、沙漠戈壁区筑路等系列工程技术。

2.1 风积沙在筑路中的合理应用

干旱地区疏松沙质地面的沙在风力作用下,由吹扬、搬迁、堆积形成的沙地、沙堆、沙丘或沙垅称为风积沙,它作为沙漠地区最为丰富的物质,在公路工程中起着重要作用。某工程位于沙漠面积占总面积四分之一的新疆地区,其周围为沙漠和盐渍土,因而,充分了解风积沙的特性对于该工程及类似工程的建设有着重要意义。

2.1.1 风积沙的特性

(1) 风积沙颗粒很细,表面积很大。试验表明新疆各沙漠地带的风积沙物理特性有所不同。本工程所处的塔克拉玛干沙漠东缘风积沙的物理特性如表 2-1-1 所示。

表 2-1-1 风积沙的物理特性

类型	风积沙粒径/mm	平均松散密度/(g·cm^{-3})	平均最大干密度/(g·cm^{-3})	细度模数
塔克拉玛干沙漠东缘	0.05~1.25	1.725	2.02	0.99

风积沙的级配差,内摩擦角一般在 29°~38°,松散性强,不易形成整体;水稳性好,渗透系数较大,毛细水上升高度 <1 m。

(2) 风积沙的化学成分中 SiO_2 约占 65%,Al_2O_3 约占 10%,CaO 约占 8%,其他成分很少,沙中盐分含量较少,一般在 0.06%~0.2%,为非盐渍土。

(3) 风积沙的工程特性是其能否作为结构层的决定因素。沙漠沙试验结果表明风积沙具有干压实和饱水压实两大特性。其弹性模量 E 是作为路面结构层最主要的设计参数之一,它的大小直接影响路面结构各层的厚度。根据对沙漠公路上采用静压及振动压实的沙基进行回弹模量的实测资料,并在一定保证率的条件下,一般将 E 值取 90~100 MPa。在塔克拉玛干沙漠公路工程中,风积沙回弹模量设计值可取 $E_0 = 100$ MPa,它较现行规范建议值提高了 50% 左右。

2.1.2 风积沙的应用

2.1.2.1 风积沙结构层

风积沙具有良好的水稳性和较高的强度及稳定性,因此在盐渍土和少沙石料地区是良好的筑路材料。将风积沙材料作为公路的路面结构层之一,不仅能保证公路的整体强度、平整度和耐久性,而且可使其他结构层的厚度减薄,达到"强基薄面"的效果,工程造价也可随之降低。参考新疆地区沙漠公路及周边国道设计经验,针对不同荷载等级要求,对于该地区的公路工程推荐下列几种结构形式,如表 2-1-2 所示。

表 2-1-2 推荐的路面结构形式

二级路面	三级路面	三级路面
沥青混凝土	沥青表面处治	沥青表面处治
水泥稳定砂砾	天然级配	级配砂砾
天然砂砾	风积沙	天然砂砾
风积沙	土基	风积沙
土基		土基

对于不同的土基 E_0 值和不同的路面结构形式,风积沙的最小厚度都有一些变化,如表 2-1-3 所示。

表 2-1-3 不同土基 E_0 值和路面结构组合下风积沙层的最小厚度

类型			风积沙层最小厚度 h/cm				
		土基模量 E_0/MPa	25	30	40	50	60
二级路面 100 万轴次	A	5+18+30+h	80	70	65	65	65
	B	5+20+20+h	80	70	70	65	60
	C	5+20+30+h	60	55	40	30	20
三级路面 40 万轴次	D	3+20+h	60	60	55	55	60
	E	3+10+15+h	55	55	50	50	55
	F	3+25+h	45	40	35	25	20

在风积沙的应用中,应结合当地情况,根据砂砾和风积沙的运距、造价调整结构层厚度,选取最佳组合,以达到最优设计。本工程专用公路设计中,我们在对不同 E_0 值土

基情况下路面结构的计算和比较之后,全线按不同地质情况选取了四种不同的路面结构形式,如图 2-1-1 所示。

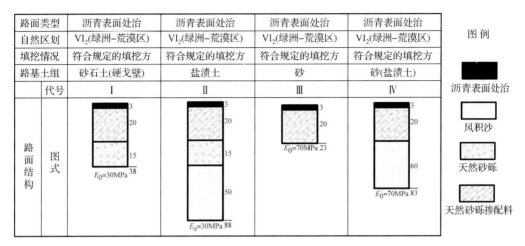

图 2-1-1 路面结构形式

作为路面结构层的风积沙,其填筑和压实是保证工程质量的关键。施工过程中,必须遵循以下几点要求:

(1) 风积沙层必须采用机械化施工,重型振动压路机压实。
(2) 风积沙表层 1.5 cm 范围内天然含水量一般为 1% 左右,路基施工时需要洒水。
(3) 风积沙厚度为 50 cm 时,可一次性全厚度填筑;厚度为 60 cm 时,应按每层 30 cm 左右分层填筑。
(4) 风积沙压实度≥95%。

在地下水丰富的地区,为了使风积沙更好地起到隔断层作用,在风积沙的顶面和底面分别设置了编织布和高压聚乙烯 18 丝防渗膜。编织布的埋置高度不得低于最高水位。

2.1.2.2 风积沙的加固

风积沙无黏聚性,难以形成稳定的整体,因此应考虑采用适宜的方法进行加固,目前一般采用工程措施加固和化学材料加固等方法。在专用公路中采用了比较简单实效的工程措施加固法,即在风积沙两侧分两层铺筑砾石土包边,这样既可就近取材、节省造价,同时也起到良好的加固作用。其具体方案如图 2-1-2 所示。

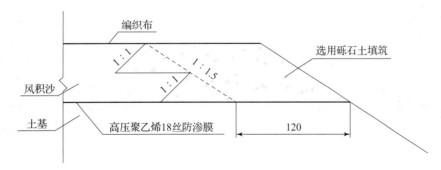

图 2-1-2 风积沙边部加固处理

2.1.2.3 风积沙对路基病害的治理

风积沙在公路病害治理中也得到了充分的利用,例如在某专用公路某段盐渍土、翻浆路基处理中,利用了风积沙水稳性好和难盐渍化的特性,先将地面表层的植被、盐壳和腐殖质土清除干净后压实土基,排除积水,然后采用风积沙对原盐渍土基进行换填,换填厚度在 50~120 cm,直至成为良好地基土为止,以确保路基的强度和稳定性。

风积沙在公路工程中有着重要的作用,只要能充分认识风积沙的各种特性,并采取正确的施工工艺,就能使风积沙在公路工程中得到最大限度的利用。风积沙做结构层既可保证公路要求的强度和稳定性,又能就地取材、节省造价,提高社会和经济效益。对于新疆某些风积沙丰富而少砂石料地区的公路建设来说,风积沙在筑路中的应用有着广阔的前景。

2.1.3 小结

风积沙在公路工程中有着重要的作用,只要能充分认识风积沙的各种特性,并采取正确的施工工艺,就能使风积沙在公路工程中得到最大限度的利用。利用风积沙做结构层既可保证公路要求的强度和稳定性,又能就地取材、节省造价,提高社会和经济效益。对于新疆某些风积沙丰富而少砂石料地区的公路建设来说,风积沙在筑路中的应用有着广阔的前景。

2.2 软基加固技术

2.2.1 土工格栅复合反滤土工布用于处理路基软基

2.2.1.1 基本原理

工程上会出现各种各样的软基问题(见图 2-2-1),于是需要采用加筋材料处理软基(见图 2-2-2)。

图 2-2-1 工程上各种各样软基问题

图 2-2-1 工程上各种各样软基问题（续）

图 2-2-2 采用加筋材料处理软基

目前处理软基的土工材料主要有有纺土工布、格栅等，如图 2-2-3、图 2-2-4 所示。但单独运用这些材料用于软基处理存在一些缺陷或不足。

图 2-2-3 单向土工格栅　　　　　　　　图 2-2-4 有纺土工布

单独采用加筋格栅处理软基的不足：不能彻底分离软土与粒料层，格栅具有的网孔结构因为较大孔径，不能够阻止小于网眼尺寸的粗粒料与软土相互掺混。这会直接导致粗粒料在软基中不能保持较为明确的界面，甚至导致粗粒料在软基中掺杂消散，如图 2-2-5 所示。

单独采用有纺土工布处理软基的不足：有纺土工布虽然强度较大，但其面外刚度很小，很容易褶皱；其网眼较小，孔径较小，可以分离软土与粒料层，但对于很细的细料仍不能实现隔离。

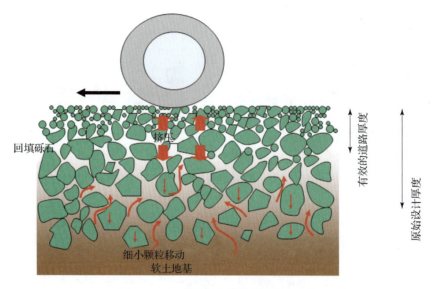

图 2-2-5　粗粒料与软基细料掺杂消散

鉴于此，克服以上技术的不足，创新提出土工格栅复合无纺土工布用于软基处理，土工格栅提供强度和刚度，将软基顶部一定厚度内的路基形成整体性较强的板体，最大程度消除不均匀沉降；无纺反滤土工布提供反滤功能，在满足固结渗透排水的同时，分离软土与粒料层，形成粒料层和软土之间清晰完整的界面，消除因加筋格栅网眼过大，路基填料在振动压实过程中向软基消散的弊端，如图2-2-6所示。

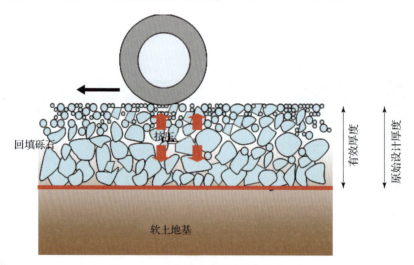

图 2-2-6　加筋反滤处理软基原理示意

两种材料的结合如图2-2-7所示。

2.2.1.2　加筋原理的数值模拟

基于离散元分析原理，针对软土地基上修建路基的情况分为加筋和不加筋两种情况进行对比分析，以期获得加筋原理的数值验证。

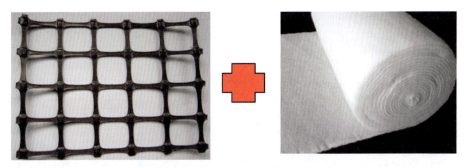

图 2-2-7 土工格栅复合无纺土工布

建立的模型如图 2-2-8 所示。

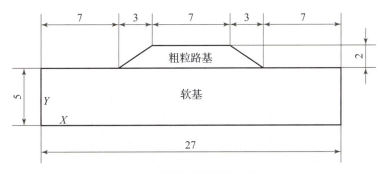

图 2-2-8 软基与路基模型（单位：m）

1. 不加筋路基

不加筋路基模型如图 2-2-9 所示。其模型物理力学参数如表 2-2-1 所示。

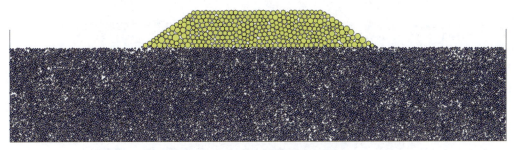

图 2-2-9 不加筋路基颗粒流模型

表 2-2-1 物理力学指标

模型名称	密度 /(kg·m^{-3})	正向接触模量/Pa	切向接触模量/Pa	摩擦系数	颗粒流尺寸/m	荷载
路基	2 300	1E7	1E7	0.3	0.1~0.15	重力场 (−9.8 m/s^2)
软基	1 600	1E7	1E7	0.1	0.03~0.05	

经过 10 000 步计算，路基、软基在重力场作用下的稳定形态如图 2-2-10 所示。粗粒与细粒掺杂侵入示意如图 2-2-11 所示，接触力大小如图 2-2-12 所示，位移大小如图 2-2-13 所示。

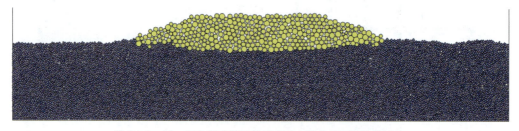

图 2-2-10　不加筋路基颗粒流在重力场作用下的稳定形态

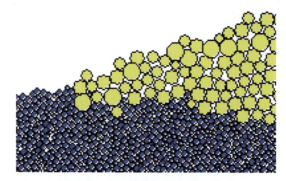

图 2-2-11　粗粒与细粒掺杂侵入

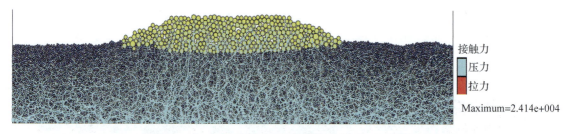

图 2-2-12　接触力大小

图 2-2-13　位移大小

2. 加筋路基

加筋路基模型如图 2-2-14 所示。其模型物理力学参数如表 2-2-2 所示。

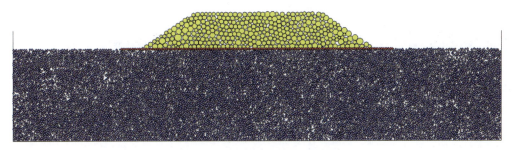

图2-2-14 加筋路基颗粒流模型

表2-2-2 物理力学指标

模型名称	密度/(kg·m^{-3})	正向接触模量/Pa	切向接触模量/Pa	摩擦系数	接触连接垂直强度/Pa	接触连接剪切强度/Pa	颗粒流尺寸/m	荷载
路基	2 300	1E7	1E7	0.3	—	—	0.1~0.15	重力场(-9.8 m/s^2)
软基	1 600	1E7	1E7	0.1	—	—	0.03~0.05	
加筋材料	200	1E8	1E8	—	1E8	1E2	0.05	

经过10 000步计算，路基、软基在重力场作用下的稳定形态如图2-2-15所示。粗粒与细粒没有掺杂侵入示意图如图2-2-16所示；加筋模式下的接触力大小如图2-2-17所示，位移大小如图2-2-18所示；加筋模式下路基中上部监测点竖向位移如图2-2-19所示。

图2-2-15 加筋路基颗粒流在重力场作用下的稳定形态

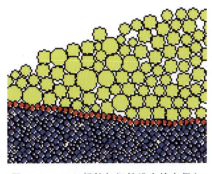

图2-2-16 粗粒与细粒没有掺杂侵入

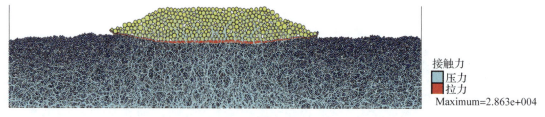

图2-2-17 加筋模式下接触力大小

图2-2-18 加筋模式下位移大小

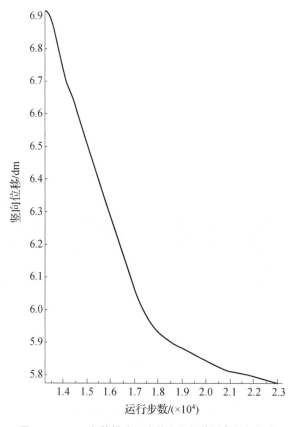

图2-2-19 加筋模式下路基中上部监测点竖向位移

将以上两种模式的路基计算结果进行对比，如表2-2-3所示。

对比加筋与不加筋路基在重力场下数值仿真结果，不难发现：

（1）路基底部加筋对于防止路基填料和软基掺杂侵入作用明显，其基底界面较为完整、平顺。

表2-2-3 两种模式路基计算结果对比表

路基类型	界面完整性	路基稳定形态	路基工后沉降/m	路基内部接触力/Pa
不加筋路基	不完整，有相互侵入掺杂现象	10 000 计算步后，路基稳定形态较初态变化大，路基底宽由13 m变为15.5 m	0.36	最大值 2.41E4
加筋路基	完整，没有相互侵入掺杂现象	10 000 计算步后，路基稳定形态较初态变化小，路基底宽由13 m变为14.4 m	0.28	最大值 2.86E4

（2）路基加筋对于保持路基初始形态有明显的作用。

（3）路基底部加筋对于降低整体路基沉降有较为明显的改善。

（4）路基底部加筋提高了路基的整体性。

2.2.1.3 工程案例

基于土工合成材料和土体共同作用机理，创新提出土工格栅复合反滤土工布结构形式处理一般软基技术，成功应用于9721专用公路软基处理。不但使用效果良好，且大幅降低造价，具有科学、合理、经济、适用、可靠的优点。

9721专用公路全长94 km，沿线地质环境复杂、不良地质条件多，途径沙丘段、盐湖湖泽段、戈壁冲积段、软基段、盐胀冻融段、山地基岩出露段，其中软基路段长达16 km，该软基天然承载力为70 kPa，经本方案处理后的路基加筋垫层经现场原位测试，承载能力特征值达到150 kPa，工后沉降0.05 m，远小于规范限值。专用公路自2009年投入使用以来至今未发生道路软基病害。该处理技术具有路基结构界面清晰、完整，沉降稳定、承载力高的特点，值得在今后道路软基处理中推广。

图2-2-20所示为超软地基照片，图2-2-21所示为超软地基处理过程照片，图2-2-22所示为软基段现状照片。

图2-2-20 超软地基

图2-2-21 超软地基处理——格栅复合土工布施工

图 2-2-22 软基段现状照片

2.2.2 一种基于流固耦合理论处理超软地基的工程方案研究

我国超软地基——污泥的处理和处置技术刚刚起步，存在着严重的不足。污泥处理处置方法有多种。采取何种方式处置污泥，因国家和地区科技水平、经济状况和自然环境的不同而异。我国与发达国家在技术水平及经济发展水平上尚有一定的差距，污水厂污泥的性质也与国外不尽相同。考虑到污泥的卫生学指标、重金属指标难以满足农用标准，而且限于我国的经济实力，目前还不可能投入大量的资金用于污泥焚烧，因此污泥填埋是一种折中的选择，其投资少、容量大、见效快，通过将污泥与周围环境的隔绝，可以避免污泥对公众健康和环境安全造成威胁，解决了污泥的处理问题。目前，填埋仍然是我国主要的污泥处置方式之一。污泥填埋分为单独填埋和混合填埋，在欧洲，脱水污泥与城市垃圾混合填埋比较多，而在美国多数采用单独填埋。填埋方法的选择取决于填埋场地的特性和污泥含固率。未经脱水处理的原态污泥强度很低，含水率很高，污泥的初始含水量分布范围为 200%~760%，平均为 525%，其密度在 1.01~1.08 t/m³ 之间，呈流态。目前，无论哪一种填埋方式均要求污泥进行脱水，从而提高污泥含固率到一定程度（>20%~28%），使其从流态过渡到塑态或半塑态，进而满足填埋的施工要求。但是，这种脱水后填埋的处理方案涉及工艺较多，处理复杂，费用较高。如果另辟蹊径，基于流固耦合理论，在原态污泥池顶部覆盖一层封闭的高强度薄膜，薄膜和污泥池边缘建立可靠的封闭锚固，形成薄膜和污泥体流固耦合结构，在其上均匀填筑一定厚度的填土，填土上可以绿化来改善环境，从而避免污泥脱水、固化掺拌等工序，而能达到对污泥池封闭、环保的要求，该方案无疑具有方便快捷、节省造价的特点。为了防止污泥污染周围土壤环境，原态污泥池池底、四壁一般做有防渗膜、土工垫结合的防渗措施，加上顶部薄膜，便构成了封闭的污泥体，这为污泥体在一定外部压力下体积不发生变化（体积不可压缩）提供了保证。如果污泥池地质条件较好，四周和底部地质环境没有软基、孔洞、裂隙等不良地质灾害时，膜体填土上方仍可以均匀承载，堆放一定高度的城市垃圾等。下面就这一方案的可行性进行研究。

2.2.2.1 方案理念

污泥由于含水量很高,呈流态,其力学行为表现为流体,作用于污泥表面的物体,如果其密度大于污泥密度,会陷入下沉;如果其密度小于污泥密度,则会半浸半浮在污泥体表面。污泥体本身没有承载力可言,只能提供流体浮力。处于污泥池中的污泥体在池底、四壁包封的条件下,在其顶面全面积覆盖高强度薄膜后,形成的流固耦合结构是一个体积不可压缩体,薄膜上覆荷载通过薄膜和污泥组成的流固耦合体共同承受。膜顶受局部荷载后,首先会产生局部下沉变形,由于流体的不可压缩性,其下沉的体积等于排开流体的体积,引起污泥体流动,必然导致液面上升,膜结构一方面提供局部荷载的"上兜"力,避免荷载持续下沉;一方面又约束流体表面形态,对流体提供"下兜"力,这样在膜-流体表面形成了局部荷载作用下的下凹变形以及两侧的隆起变形,局部荷载在膜结构提供的"上兜"力和膜下流体压力下达到平衡,局部荷载的两侧流体对膜结构同样产生膜下流体压力,从而绷紧膜体,达到力学平衡,其力学作用示意图如图2-2-23所示。本节提供的污泥的初始含水量分布范围为600%,密度均值为1.05 t/m³,c(黏聚力)、φ(内摩擦角)值接近于零,呈流态。

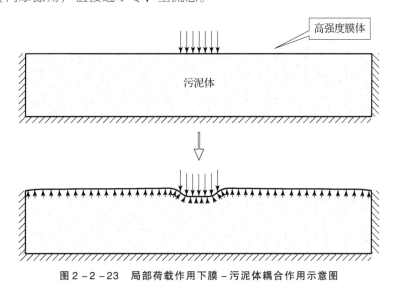

图2-2-23 局部荷载作用下膜-污泥体耦合作用示意图

2.2.2.2 流固耦合基本方程

在流固耦合过程中,流体的作用力施加到结构上,结构的变形反过来影响流体区域。结构模型是基于拉格朗日坐标系的,位移是基本未知量。纯流体模型使用欧拉坐标系,在流固耦合问题中,因为界面会发生变形,所以流体模型必须使用随动拉格朗日-欧拉坐标系。求解的基本未知量不仅包括压力、速度,还包括应力和位移。应用在流固耦合界面的基本条件是运动学条件(位移协调)$\underline{d}_f = \underline{d}_s$ 和动力学条件(力平衡)$n \cdot \underline{\tau}_f = n \cdot \underline{\tau}_s$,其中 $\underline{d}_f$ 和 $\underline{d}_s$ 分别表示流体和结构的位移,$\underline{\tau}_f$ 和 $\underline{\tau}_s$ 分别为流体和结构的应力。下划线表示这些值只定义在流固耦合的界面上。耦合系统的解向量记为 $\boldsymbol{X} = (\boldsymbol{X}_f, \boldsymbol{X}_s)$,$\boldsymbol{X}_f$、$\boldsymbol{X}_s$ 分别是定义在流体和结构节点上的解向量。因此,$\underline{d}_s = \underline{d}_s(\boldsymbol{X}_s)$,$\underline{\tau}_f = \underline{\tau}_f(\boldsymbol{X}_f)$。流体方程和

结构方程分别用 $G_f[f, \dot{f}] = 0$ 和 $G_s[d, \dot{d}, \ddot{d}] = 0$ 来表示。用 f 来表示流体的变量，d 表示结构的变量。

流固耦合系统中的有限元方程可以表示为：

$$F[X] \equiv \begin{bmatrix} F_f[X_f, \underline{d}_s(X_s)] \\ F_s[X_s, \underline{\tau}_f(X_f)] \end{bmatrix} = 0$$

其中，F_f 和 F_s 分别是与 G_f 和 G_s 相对应的有限元方程。

在耦合问题中，流体的作用力影响结构的变形，同时结构的位移又影响流场的形态，这正是做流固耦合的原因，该类问题可以成为双向耦合。双向耦合的求解可以采用迭代法或直接法。

2.2.2.3 数值计算模型

1. 计算条件

污泥体和高强度薄膜的物理力学指标如表 2-2-4 所示。

表 2-2-4 物理力学指标

模型名称	密度/(t·m^{-3})	弹性模量/kPa	泊松比	体积模量/kPa	黏度/(kPa·s)	初始应力/kPa	厚度/m
污泥体	1.05	—	—	1×10^{20}（不可压缩）	1×10^{-5}	—	20
高强度薄膜	0.9	3×10^6	0.3	—	—	5 000	0.002

2. 边界条件

问题简化为二维平面问题，污泥体四壁和池底为固壁边界，污泥体顶部为流固耦合边界；高强度薄膜两端为固结边界，薄膜体下表面为流固耦合边界。

模型单元问题简化为二维平面问题，薄膜结构采用二维索单元，污泥体采用二维流体单元。计算模型简图如图 2-2-24 所示。模型污泥池横向长度为 200 m，深度为 20 m，薄膜结构划分 400 个索单元，每个单元长度为 0.5 m，污泥池划分为 4 000 个流体单元，每个单元为 1 m × 1 m。

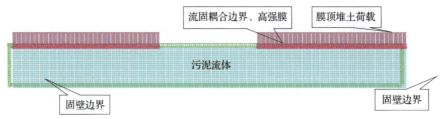

图 2-2-24 流固耦合数值模型

3. 作用荷载及工况

膜顶推土荷载采用压力荷载施加于膜顶，模拟 2 m 土厚，土重度为 18 kN/m³，换算成压力荷载为 36 kN/m，荷载工况分为三种：单侧逐渐加载至满载；两侧对称向中间逐渐加载；划分成均匀肋格渐次施加。工况划分的目的是考察不同的加载模式下膜体和污泥流体力学形变行为，最终确定哪种加载模式更为有利。结构加载采用分步逐渐施加，流固耦合计算采用瞬态分析模式。流体模型中施加重力场。

2.2.2.4 数值计算结果分析

1. 工况一——单侧逐渐加载至满载模式

污泥池顶面全宽 200 m 从左至右分成四段，每段 50 m，分四组时间步加载，每组时间步 10 s 加载完毕，四组时间步 40 s 全部加载完毕。每组时间步又分成 0.1 s 间隔的 100 个子步进行加载，以避免过大的瞬态加载冲击影响。总计算时间为 100 s。加载示意如图 2-2-25 所示。图 2-2-26、图 2-2-27 分别对应加载 10 s 和 100 s 时的流固耦合结构竖向位移图，图 2-2-28、图 2-2-29 分别对应加载 10 s 和 100 s 时膜结构轴向力云图。从图中可以看出，加载 10 s 时对应膜顶第一组荷载施加完毕，此时荷载区域最大下沉量为 2.323 m，非荷载区域膜顶最大隆起 1.19 m，膜体受力最大位置出现在左侧固结边界处，为 191.1 kN；加载 100 s 时对应膜顶四组荷载全部施加完毕后（40 s）又进行了 60 s 的内部平衡调整，此时荷载区域最大下沉量为 0.450 m，膜顶最大隆起 0.323 m，膜体受力较为均匀，为 38.13~65.97 kN，相对于 10 s 时竖向位移和膜体结构受力都有较大幅度减小，说明耦合结构在均布外载作用下，由于流体结构的性质，最终会趋于均匀与平衡。

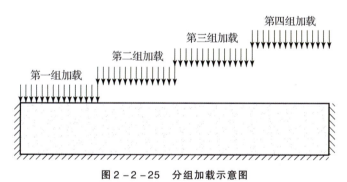

图 2-2-25 分组加载示意图

图 2-2-26 加载 10 s 时流固耦合结构竖向位移云图（单位：m）

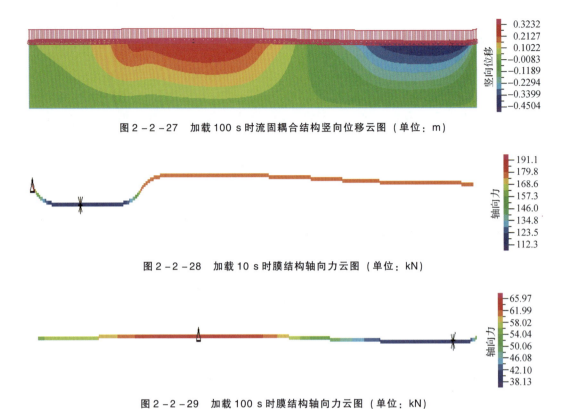

图 2-2-27 加载 100 s 时流固耦合结构竖向位移云图（单位：m）

图 2-2-28 加载 10 s 时膜结构轴向力云图（单位：kN）

图 2-2-29 加载 100 s 时膜结构轴向力云图（单位：kN）

图 2-2-30 为膜体不同位置处竖向变位时程曲线，可以看出荷载施加位置对应的节点出现较大程度的下沉，荷载未施加位置出现一定程度的隆起，依据荷载施加的时间序列，不同位置的下沉隆起变化存在一定的相差。随着时间的推移，通过流固体内部平衡的调整，考察点的变位逐渐减小，趋于平衡。最大隆起变位出现在节点 300 处 22 s 时刻，为 2.67 m，最大下沉变位出现在节点 100 处 18 s 时刻，为 -2.79 m。

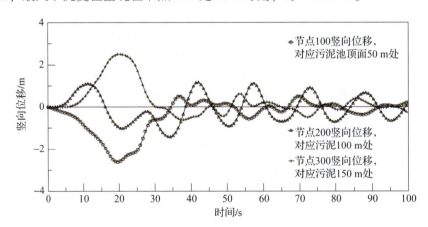

图 2-2-30 膜体 50 m、100 m、150 m 处竖向变位时程曲线（工况一）

图 2-2-31 为膜体边界反力时程曲线，包括一条左边界锚固点反力和三条不同位置处流体边界反力。左边界锚固点反力峰值出现在加载 20 s 的时刻，对应污泥池顶部加载面积达到一半时的时刻，为 273.5 kN。然后逐渐衰减，最终接近膜体初张拉力 50 kN。其

余三条曲线依据加载顺序不同,存在一定的相差,最终其流体反力在全部外载加载完毕后(40 s)达到施加的膜顶荷载 36 kN/m。

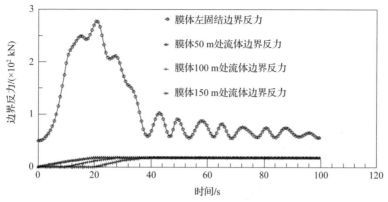

图 2-2-31　膜体边界反力时程曲线(工况一)

2. 工况二——两侧对称向中间逐渐加载

图 2-2-32 对应污泥池两侧对称向中间逐渐加载工况,图 2-2-33 为膜体不同位置处竖向变位时程曲线,在对称加载作用下,对称位置(节点 100 和节点 300)竖向变位基本吻合,随着时间的推移,通过流固体内部平衡的调整,考察点的变位逐渐减小,趋于平衡。最大隆起变位出现在节点 100 处 25 s 时刻,为 2.89 m,最大下沉变位出现在节点 100、节点 300 处 45 s 时刻,为 -0.65 m。

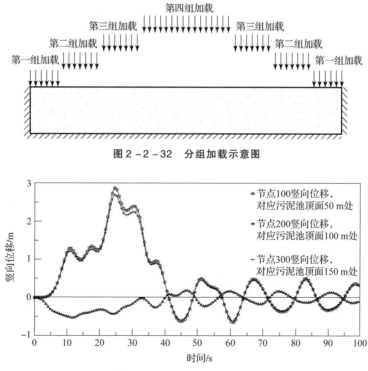

图 2-2-32　分组加载示意图

图 2-2-33　膜体 50 m、100 m、150 m 处竖向变位时程曲线(工况二)

图 2-2-34 为膜体边界反力时程曲线，包括一条左边界锚固点反力和三条不同位置处流体边界反力。左边界锚固点反力峰值出现在加载 11 s 的时刻，为 340 kN，然后逐渐衰减，最终接近膜体初张拉力 50 kN。其余三条曲线依据加载顺序不同，存在一定的相差，最终其流体反力在全部外载加载完毕后（40 s）达到施加的膜顶载荷 36 kN/m。

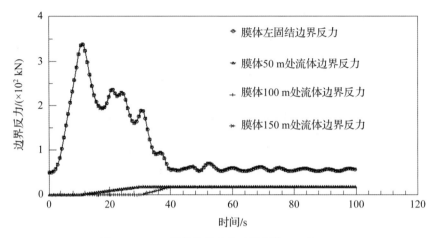

图 2-2-34 膜体边界反力时程曲线（工况二）

3. 工况三——划分成均匀肋格逐渐加载

图 2-2-35 对应污泥池划分成均匀肋格逐渐加载工况，图 2-2-36 为膜体不同位置处竖向变位时程曲线，在对称加载作用下，对称位置（节点 100 和节点 300）竖向变位基本吻合，随着时间的推移，通过流固体内部平衡的调整，考察点的变位逐渐减小，趋于平衡。最大隆起变位出现在节点 100、节点 300 处 21 s 时刻，为 1.49 m，最大下沉变位出现在节点 200 处 12 s 时刻，为 -2.68 m。

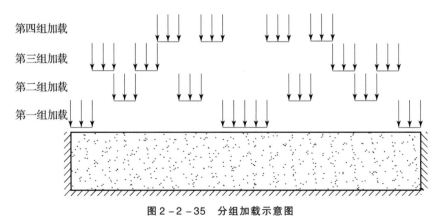

图 2-2-35 分组加载示意图

图 2-2-37 为膜体边界反力时程曲线，包括一条左边界锚固点反力和三条不同位置处流体边界反力。左边界锚固点反力峰值出现在加载 21 s 的时刻，为 350 kN，然后逐渐衰减，最终接近膜体初张拉力 50 kN。其余三条曲线依据加载顺序不同，存在一定的相差，最终其流体反力在全部外载加载完毕后（40 s）达到施加的膜顶载荷 36 kN/m。

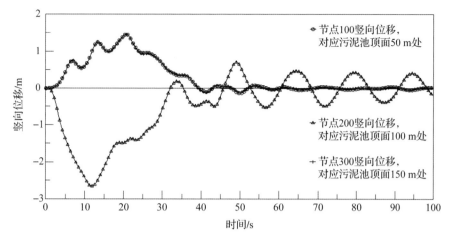

图 2-2-36　膜体 50 m、100 m、150 m 处竖向变位时程曲线（工况三）

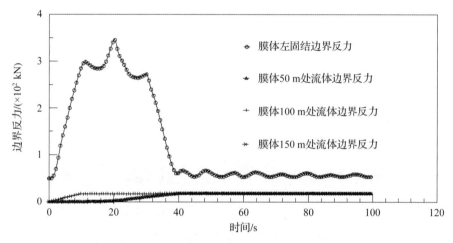

图 2-2-37　膜体 50 m、100 m、150 m 处竖向变位时程曲线（工况三）

4. 规律总结

通过分析三种计算工况的计算结果，有差异，有共性。计算分析反映出来的基本共性规律如下：

（1）膜体和污泥池组成的流固耦合结构可以承受较大均布荷载，且膜体结构最大轴向力主要出现在加载的过程中，均布加载完毕后，膜体结构受力趋于很小。

（2）膜体和污泥池组成的流固耦合结构最大变位出现在加载过程中，局部加载完毕后，结构变位趋于平衡。

（3）加载过程中，膜体结构最大受力出现在边界锚固点，最大可达 350 kN/m，膜体结构本身的强度以及边界牢固可靠的锚固至关重要，边界一旦失效，膜体结构强度再高也发挥不了作用。

将三种工况的计算分析结果进行对比，如表 2-2-5 所示。从表中可以看出，三种工况计算结果大体相当，工况一对应的膜体边界反力相对较小，对结构安全更为有力。

表 2-2-5　三种工况计算结果对比表

工况	最大隆起变形/m	最大下沉变形/m	膜体边界锚固点最大反力/kN
工况一 单侧逐渐加载至满载	2.67	-2.79	273
工况二 两侧对称向中间逐渐加载	2.89	-0.65	340
工况三 划分成均匀肋格逐渐加载	1.49	-2.68	350

2.2.2.5　工程案例

某超软地基污泥体，约 55 000 m²，深度为 3~8 m 不等，基本呈现流状态，承载能力极低，要求处理后的污泥达到无害化要求，同时要求原污泥坑作为其他建设用地。该项目基于前述原理，成功地采用了高强度薄膜（PET400，强度 400 kN/m）和污泥体流固耦合结构承载。经现场原位检测，膜顶天然级配碎石垫层顶面的承载能力特征值≥120 kPa；工后平均沉降量≤0.3 m；不均匀沉降量差值≤0.3 m。该项目竣工至今使用良好。图 2-2-38~图 2-2-42 为工程施工图片。

图 2-2-38　污泥池原貌

图 2-2-39　膜体边界锚固沟

图 2-2-40 敷设高强度薄膜

图 2-2-41 划分格构填筑碎石

图 2-2-42 膜顶碎石填筑完毕

基于流固耦合理论的高强度薄膜和污泥池建立的承载体系，理论和实践证明是安全可行的，同时具有较高的经济效益。相对于传统固化处理方案，可以节省投资 60%~70%，经济效益非常明显。随着我国城市化进程步伐的迈进，类似于污泥池这样超软地基的处理需求会日益增多，本方案另辟蹊径，为该类项目的处理提供了一扇方便可行之门，本项目的研究成果同步申请了国家专利。

2.2.3 桩网复合格栅处理软基技术——以宁波赛车场国际赛道软基处理为例

桩网复合地基适用于处理黏性土、粉土、砂土、淤泥、淤泥质土地基，也可用于处理新近填土、湿陷性土和欠固结淤泥等地基。桩网复合地基应由刚性桩、桩帽、加筋层和垫层构成，可用于填土路堤、柔性面层堆场和机场跑道等构筑物的地基加固与处理。对于严格控制道面工后沉降的工程，桩网复合格栅处理软基提供了较为理想的解决方案。

2.2.3.1 桩网复合格栅处理软基技术基本原理

桩帽以上的填土荷载、使用荷载通过填土层、垫层和加筋层共同作用形成土拱，将桩帽以上的荷载全部转移至桩帽由桩承担。此时，桩网地基是填土路堤下桩承堤的一种形式。当处理松散填土层、欠固结软土层、自重湿陷性土等有明显工后沉降的地基时，确定土拱高度是桩网地基填土高度设计的前提，也是计算确定加筋体的依据。实用的土拱计算方法主要有英国规范法、日本细则法和北欧规范法等。英国规范法（BS 8006）根据 Hewlett、Low 和 Randolph 等人的研究成果，假定土体在压力作用下形成的土拱为半球拱。提出了桩网土拱临界高度的概念，认为路堤的填土高度超过临界高度 $[H_c = 1.4(S-a)]$ 时，才能产生完整的土拱效应。该规定忽视了路堤填土材料的性质，在对路堤填料有严格限制的条件下，英国规范法方便实用。北欧规范法引用了 Carlsson 的研究成果，假定桩网复合地基平面土拱的形式为三角形楔体，顶角为 30°。可计算出土拱高度为 $[H_c = 1.87(S-a)]$。日本细则法采用了应力扩散角的概念，同样假定桩网复合地基平面土拱的形式为三角形楔体，顶角为 2φ（φ 为材料的内摩擦角），黏性土取综合内摩擦角。二维和三维土拱示意如图 2-2-43 所示，二维和三维加筋示意如图 2-2-44 所示，土拱效应示意如图 2-2-45 所示，计算示意图如图 2-2-46 所示。

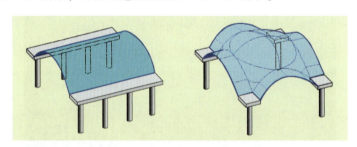

图 2-2-43　二维和三维土拱示意

图 2-2-44　二维和三维加筋示意

桩网复合地基采用间距为 S 的正方形布桩，正方形桩帽边长为 a，土拱高度计算应考虑桩帽之间最大的间距，$H_c = 0.707(S-a)/\tan\varphi$。当 $\varphi = 30°$ 时，$H_c = 1.22(S-a)$；日本细则法另外规定土拱高度计算取 1.2 的安全系数，设计取值时 $H_c = 1.46(S-a)$。目前各国采用的规范方法略有不同，但是考虑到路堤填料规定的差异，各国关于土拱高度计算方法实质上差异较小。

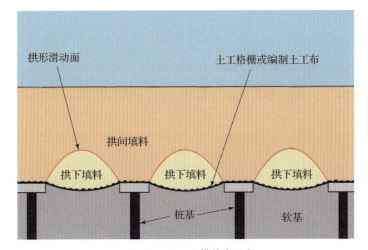

图2-2-45 土拱效应示意

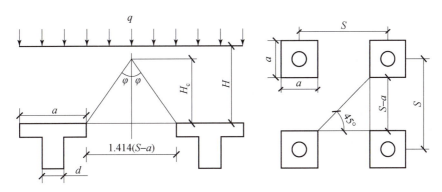

图2-2-46 土拱高度计算示意

根据桩网地基的工作机理,土拱产生之后,桩帽以上以及土拱部分填土荷载和使用荷载均通过土拱作用,传递至桩帽由桩承担。当桩间土下沉量较大时,拱下土体通过加筋体的提拉作用也传递至桩帽,由桩承担。

1. 英国规范法（BS 8006）

英国规范法将水平加筋体受竖向荷载后的悬链线近似看成双曲线,假设水平加筋体之下脱空,得到竖向荷载（W_T）引起的水平加筋体张拉力（T）按下式计算:

$$T = \frac{W_T(S-a)}{2a}\sqrt{1+\frac{1}{6\varepsilon}}$$

式中　S——桩间距（m）；

　　　a——桩帽宽度（m）；

　　　ε——水平加筋体应变；

　　　W_T——作用在水平加筋体上的土体重量（kN）。

当$H > 1.4(S-a)$时,W_T按下列公式计算:

$$W_T = \frac{1.4S\gamma(S-a)}{S^2-a^2}\left[S^2-a^2\left(\frac{C_c a}{H}\right)^2\right]$$

对于端承桩：

$$C_c = \frac{1.95H}{a} - 0.18$$

对于摩擦桩及其他桩：

$$C_c = \frac{1.5H}{a} - 0.07$$

式中　　H——填土高度（m）；
　　　　γ——土的重度（kN/m³）；
　　　　C_c——成拱系数。

2. 北欧规范法

北欧规范法的计算模式采用了三角形模形土拱的假设，如图2-2-47所示。不考虑外荷载的影响，则二维平面时的土模重量（W_{T2D}）按下式计算：

$$W_{T2D} = \frac{(S-a)^2}{4\tan 15°}\gamma$$

该方法中水平加筋体张拉力的计算采用了索膜理论，也假定加筋体下面脱空，得到二维平面时的加筋体张拉力 T_{T2D} 可按下式计算：

$$T_{T2D} = W_{T2D}\left(\frac{S-a}{8\Delta}\right)\sqrt{1 + \frac{16\Delta^2}{(S-a)^2}}$$

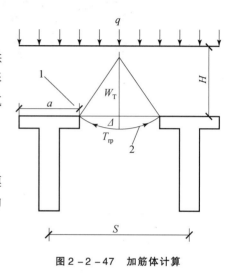

图2-2-47　加筋体计算

3. 日本细则法

日本细则法考虑拱下三维模形土体的重量，假定加筋体为矢高 Δ 的抛物线，土拱下土体荷载均布作用在加筋体上，推导出加筋体张拉力可按下式计算：

$$W = \frac{1}{2}h\gamma\left(S^2 - \frac{1}{4}a^2\right)$$

格栅上的均布荷载：

$$q = \frac{W}{2(S-a)a}$$

加筋体的张力：

$$T_{max} = \sqrt{H^2 + \left(\frac{q\Delta}{2}\right)^2}$$

$$H = q(S-a)^2/(8\Delta)$$

式中　　H——土拱的计算高度（m）；
　　　　W——土拱土体的重量（kN）。

4. 我国规范方法

我国规范方法采用应力扩散角确定的土拱高度，考虑空间效应计算加筋体张拉力，计算图示如图 2-2-48 所示。

土拱设计高度 $h = 1.2H_c$，$H_c = 0.707(S-a)/\tan\varphi$。加筋体张拉力产生的向上的分力承担图中阴影部分楔体土的重量，假定加筋体的下垂高度为 Δ，变形近似于三角形，土荷载的分项系数取 1.35，则加筋体张拉力可按下式计算：

$$T \geq \frac{1.35\gamma h(S^2-a^2)\sqrt{(S-a)^2+4\Delta^2}}{32\Delta a}$$

比较四种方法，我国规范法和日本细则法较为接近，北欧规范法计算最为保守，英国规范法 (BS 8006) 在土的综合内摩擦角较小时偏于保守，在综合内摩擦角较大时算出的土拱高度和加筋拉力最小。

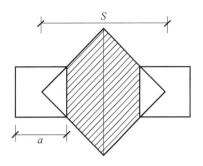

图 2-2-48　加筋体计算平面示意

2.2.3.2　桩网复合格栅处理软基工程案例

宁波国际赛道位于宁波市北仑区春晓爬山岗区域，占地面积 1 111 亩，总投资 9.5 亿元。其鸟瞰图如图 2-2-49 所示。

图 2-2-49　宁波国际赛道鸟瞰图

在场地东南角分布软基，深度在 5~7 m，承载力特征值在 50 kPa 左右，软基下伏基岩，其他区域地质条件相对好很多，地表多为岩石地基，整个场地地基软硬差异明显，不同区域的差异沉降需重点关注。水泥搅拌桩方案因其工后沉降尚不能满足赛道的要求而弃用，桩网复合地基方案因为理想的工后沉降控制被优选。桩基端部嵌入中分化基岩。桩网复合地基方案的平面和横断面布置如图 2-2-50、图 2-2-51 所示。桩帽施工完成后照片如图 2-2-52 所示。

目前赛道已投入运营 4 年，据监测数据显示，桩网处理的赛道表面工后沉降很小，使用效果非常理想。

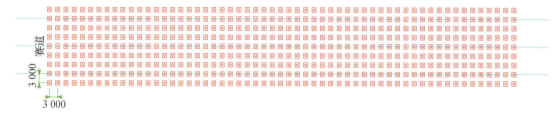

图 2-2-50　桩网平面布置图（单位：mm）

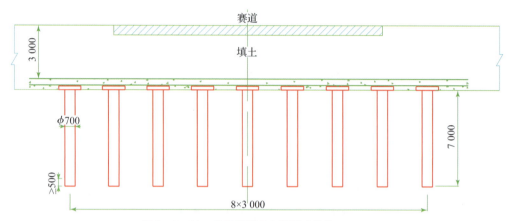

图 2-2-51　桩网横断面布置图（单位：mm）

图 2-2-52　桩网桩帽施工图

2.2.4　小结

笔者创新提出了将土工格栅复合无纺土工布用于软基处理，土工格栅提供强度和刚度，将软基顶部一定厚度内的路基形成整体性较强的板体，最大程度消除不均匀沉降；无纺反滤土工布提供反滤功能，在满足固结渗透排水的同时，分离软土与粒料层，形成粒料层和软土之间清晰完整的界面，消除因加筋格栅网眼过大，路基填料在振动压实过程中向软基消散的弊端。

基于流固耦合理论的高强度薄膜和污泥池建立的承载体系，理论和实践证明是安全可行的，同时具有较高的经济效益。该承载体系为污泥体变废为宝、改造利用提供了一套有价值的应用理论和技术方案。

桩网复合地基应由刚性桩、桩帽、加筋层和垫层构成，可用于填土路堤、柔性面层堆场和机场跑道等构筑物的地基加固与处理。对于严格控制道面工后沉降的工程，桩网复合格栅处理软基提供了较为理想的解决方案。

2.3 沙漠戈壁区筑路技术

某专用公路位于新疆维吾尔自治区，全长92 km，前25 km为新建段，后67 km为老路改建段，沿线途经沙丘区、强盐渍土盐胀湖泽区、硬戈壁冲积区等不良地质路段，本节通过对该专用公路关键性的路基、边沟桥涵排水等主要设计内容进行介绍探讨，总结沙漠戈壁区公路路基和排水设计理念及防护对策，以对同类公路工程设计提供借鉴。

2.3.1 工程概况

拟建专用公路位于新疆维吾尔自治区，全长92 km，前25 km为新建段，后67 km为老路改建段，专用公路路面宽7.0 m，两侧路肩各宽0.75 m，路基宽8.5 m，双向两车道，沥青混凝土路面。前25 km的新建段途经沙丘区、强盐渍土盐胀湖泽区、硬戈壁冲积区等不良地质路段，后67 km的老路改建段，原路面宽6.0 m，两侧路肩各宽0.5 m，路基宽7.0 m，沥青混凝土路面，路面面层年久失修，其使用寿命早已超出了设计年限，路面坑洞、啃边、补疤较多，平整度不高，两侧排水防护系统不完善。

2.3.1.1 区域自然环境地质概况

1. 气候水文条件

道路所在区域属于大陆性干燥气候区，四季分明，夏季干燥、冬季寒冷，温差悬殊；春季升温快而不稳，秋季短暂而降温迅速；具有春旱、夏洪、秋凉、冬缺水的特点。据该地气象资料，该区气候干燥，降水稀少，年降水近十年平均为83天，年平均降水量为113.1 mm，蒸发量远大于降水量。夏季最高气温可达40.5 ℃，对流活动频繁。冬季最低气温可降至 -27.6 ℃，积雪深度在160 mm以上，最大冻土深度为1.09~1.20 m。公路沿线无常年流水，均为季节性冲沟，仅在夏季雨季到来时才有水流，丰水期地表积水。

2. 地质条件

道路沿线主要地貌单元有沙丘、盐沼软土、盐碱荒地、戈壁；局部地段在后期水的作用下，冲沟较为发育。根据工程需要，结合地貌及岩性特征与物理力学性质，将道路沿线分为四个区段：

(1) 沙丘段（K0+000~K0+320）：该段起伏不平，沉积物主要由风积成因的粉细砂组成，表层松散、干燥，红柳等植物较为茂盛。

（2）盐渍土段（K0+320～K16+520）：湖积平原，地形平坦，地层为粉质黏土和粉土，地表有1.0～15 cm厚盐晶，局部地段芦苇丛生。

（3）戈壁段（K16+520～K25+000）：以角砾为主，混有碎石，砾石含量为50%～60%，砾石直径为0.5～1.0 cm，最大砾石直径6 cm，砾石成分以花岗岩为主，混有部分变质岩，泥沙填充，层理较为清楚。

（4）老路改建段（K25+000～K92+000）：该段位于山前冲、洪积倾斜平原，地形较为平坦，沉积物由冲、洪积作用形成，主要为角砾，局部地段有碎石及粉土透镜体，局部试验点为弱盐渍土。

2.3.1.2 设计理念

1. 矮路基设计

在设计中贯彻矮路基的设计理念，既保证行车安全，又可保证行车的舒适性，同时降低工程造价，矮路基设计中要考虑不良地质条件路基可能出现的病害，采取可行的技术措施预防盐胀、冲蚀、水毁等破坏。

2. 因地制宜的路基结构形式

路线全长92 km，途经各种地质状况，在设计中具体情况具体分析，针对不同的地质状况，分别采取适宜的路基结构形式，有效地解决不同的地质状况对路基的不利影响。

3. 统一规划协调的排水系统

路基排水防护系统结合现场调查统一规划，做到疏、防、排统一协调整治，针对本地区雨水特点，有效解决路基水毁病害。

4. 路基路面耐久性设计

为保障路基路面的强度、稳定性及其耐久性要求，针对盐渍土对路基路面造成的主要危害，在设计中贯彻耐久性设计理念，以避免路基路面产生盐渍病害。

2.3.2 路基及排水设计

2.3.2.1 路基设计

新建段途经沙丘区、强盐渍土盐胀湖泽区、硬戈壁冲积区等众多不良地质路段，老路改建段则是利用老路基进行拓宽改造，合理、有效的路基结构形式是工程质量的保证，针对不同的不良地质条件，在设计中共设置了四种路基结构形式，如下所述。

（1）沙丘段新建路基，为新建段的起点处，该段全长320 m，主要为风积沙，路基天然承载力高，无盐渍和盐胀问题，可直接在其上做路基结构层。其横断面如图2-3-1所示。

第 2 章 特种道路工程技术

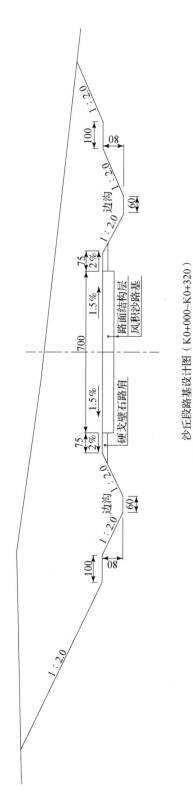

图 2-3-1 沙丘段路基横断面

（2）强盐渍湖泽区段新建路基，该路段的盐胀和洪水问题是重点关注的对象，是本工程设计和施工的难点及重点，该段土质为强过盐渍土，依据地质报告，该段自然地面以下第二层均为承载力较弱的软基，承载力仅为 80 kPa，厚度不等，最深达 2 m。其横断面如图 2-3-2 所示。

基底换填的目的是为了保证路基稳定，通过换填，挖除表层承载小（80 kPa）且具有盐胀性的土质，换填成孔隙率较大，承载能力好的戈壁砾料。采用戈壁砾料而不用风积沙作为基底换填材料的主要原因在于基底虽然换填，但由于直接和底部以及两侧的盐渍土接触，不能消除换填部分的盐渍化，风积沙由于孔隙小，毛细现象突出，盐渍化后的盐胀现象较为显著，而戈壁砾料则由于其较好的级配和较大的孔隙，不但可以有效地防止毛细现象，同时一旦发生盐胀，还可以入孔，因此设计中采用戈壁砾料换填，部分路段软弱层较厚，换填 1.0 m 后仍不能改变软弱层，则基底采用加筋格栅复合土工布补强。

为了减小工程造价，提高行车的安全性，设计中采用了矮路基设计，新建路段的平均路基（含结构层）填高在 1.05~1.1 m，路基的防盐胀的隔断层设置是必不可少的。隔断层设置在距离路面顶 80 cm 的位置，同时在湖泽区高出最高水位不小于 20 cm 的位置，以防止在洪水作用下隔断层以上部位的盐渍化。隔断层真正发挥隔断的作用需要以下两点保证：隔断层能够满足路基冲击碾压作用下不被戈壁砾料顶破的能力，隔断层和上下路基填料之间有充分的摩阻力而不是光滑接触。基于以上考虑，本设计采用两布一膜土工布作为隔断层。

（3）戈壁段新建路基，该段土质为弱或非盐渍土，不具有盐胀性，路基基底清表 50 cm，换填戈壁砾料，可不设土工布隔断层。其横断面如图 2-3-3 所示。

（4）老路改建段路基，原老路基使用已达几十年，路基坚实、稳定，工程难点为拓宽侧新旧路基的不均匀沉降问题，主要采取拓宽侧设置台阶，路基顶设置钢塑格栅，拓宽侧路基采取强夯及超压等措施，最大限度地减少新旧路基的不均匀沉降。同时，路基修筑完毕后自然沉降一定周期后再铺筑路面。其横断面如图 2-3-4 所示。

2.3.2.2 路基防冲蚀设计

在 25 年一遇设计洪水位作用下，在 K0+500~K4+000 区段（自然地面最低标高区段）的路基会面临一定水深下的浪蚀、冲蚀问题，需要加设必要的路基防冲蚀措施，设计采用土工布反滤层防护，沿坡面铺设，并用锚筋固定，土工布反滤层外用戈壁砾料堆砌，最小厚度为 20 cm 并拍实。其横断面如图 2-3-5 所示。

2.3.3 桥涵及排水设计

专用公路穿过盐湖和戈壁滩等区域，雨水季节里水流主要以宽浅漫流的形式存在，其中一部分形成冲沟，一部分并没有明显沟槽，而是随机游荡，随着冲蚀，冲痕不断变

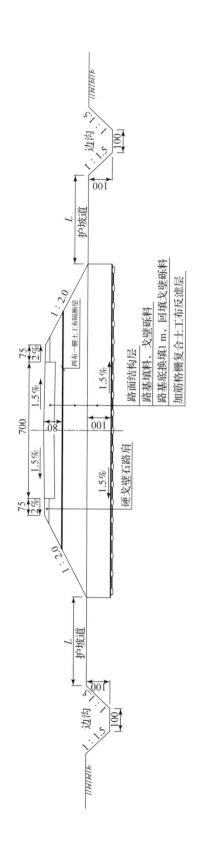

图2-3-2 强盐渍湖泽区路基横断面（单位：cm）

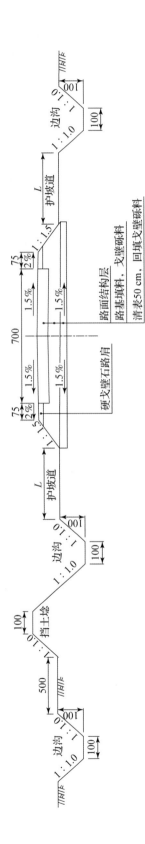

图 2-3-3 戈壁段路基横断面（单位：cm）

第 2 章 特种道路工程技术

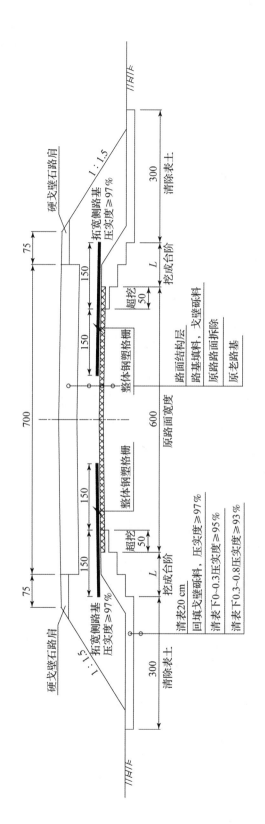

图 2-3-4 改建段路基横断面（单位：cm）
老路改建段路基设计图（K25+000～K92+000）

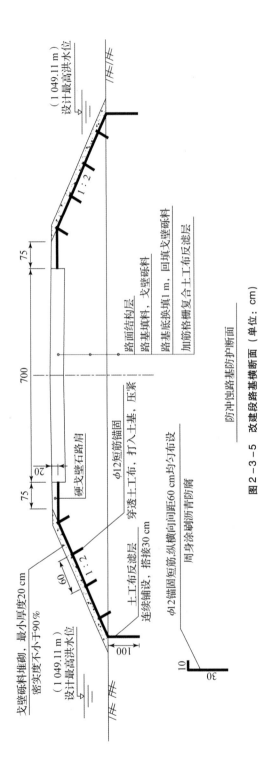

图 2-3-5 改建段路基防护断面（单位：cm）

化和发展,针对该地区雨水"来得急、去得快、破坏性大"的特点,排水及防护系统结合现场调查统一规划,合理确定路基边沟设置形式,将路基外边沟排水和涵洞排水有机结合,形成完善的"疏、防、排"统一协调的排水体系。

1. 典型边沟形式

由于该区域地形开阔,漫流纵坡较大,路基和水流方向基本正交,迎水侧的导流和截流的附属工程尤为重要,设计上充分考虑导流和截流的设置,路基上游侧设置双道边沟,之间设置挡土埝,路基下游设置单道边沟,通过横向的桥涵构造物形成完善的排水系统,以实现水流向涵洞汇集,防止出现乱冲的现象。其横断面如图 2-3-6 所示。

湖泽段和戈壁段护坡道设置的距离较宽,主要是出于对洪水发挥拦截疏导作用的边沟在洪水作用下不规则变化的考虑,护坡道主要发挥防边沟冲刷缓冲的作用。

2. 典型宽扁箱涵形式

涵洞采取宽扁形式的箱涵,尽量减少局部冲刷及堵淤,减少防护不当而导致路基冲毁的风险,同时在保证行洪的同时,不至于将路基抬至过高。典型的宽扁箱涵如图 2-3-7 所示。

3. 典型排水疏导体系

路线所在区段具有地形坡度变化大,水力坡度陡的特点,同时地表植被差,具有形成径流时间短,流速快的特点,合理的防、排、疏设施是确保路基稳定的关键,在路基上游侧设置"之"字形的挡水埝,对雨水进行截流及导流,向涵洞进水口汇集,由涵洞横向排出路基外,路基两侧设有边沟,以排除路面雨水,形成完善的排水疏导体系。典型排水疏导体系如图 2-3-8 所示。

2.3.4 小结

新疆地区盐渍土、沙丘、戈壁冲积区分布面积较广,在此不良地质情况下修筑道路,应详细查明不良地质的分布范围、地质特征,研究和分析可能产生的路基病害,合理地确定路基结构形式,因地制宜地采取路基换填、设置隔断层等措施,满足路基强度和稳定性的要求。同时,要高度重视路基的排水设计,尤其在本地区,水是危害路基路面强度和稳定性的最直接最重要的因素,必须设置完善的纵横向排水设施,合理布设桥涵、做好边沟、排水沟、截水沟、护坡道、挡水埝和取土坑的相互配合设计,使水流顺畅,自成体系,确保路基的稳定和耐久使用。

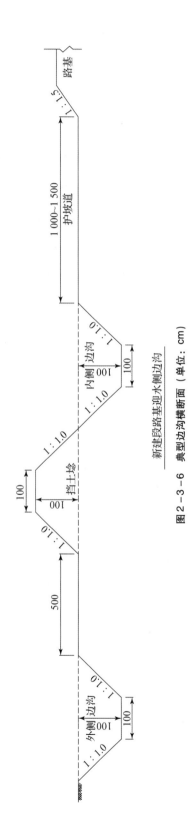

图 2-3-6 典型边沟横断面(单位:cm)

第 2 章 特种道路工程技术

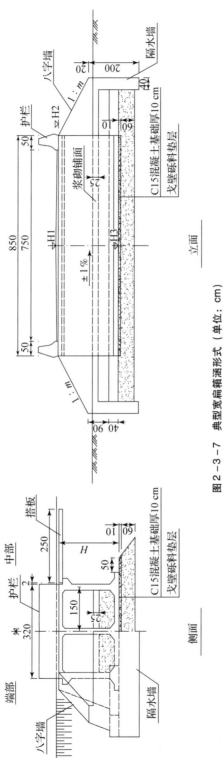

图 2-3-7 典型宽扁箱涵形式（单位：cm）

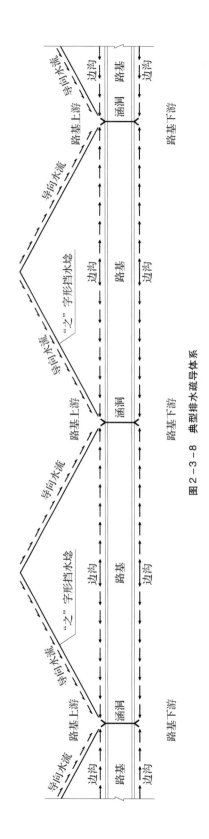

图2-3-8 典型排水疏导体系

2.4 嵌锁式面板加筋挡土墙结构分析及创新应用

加筋挡土墙由面板、加筋体和土体三部分构成。加筋挡土墙的面板是加筋挡土墙结构的重要组成部分，其主要功能有三个：一是和加筋材料通过可靠连接形成自稳定结构体，共同承受土体压力载荷；二是封挡其后土体、保护墙后加筋材料；三是面板结构整洁、美观，提供建筑美学效果。嵌锁式面板加筋挡土墙结构指相邻的面板之间设置齿榫和齿槽，形成"咬合嵌锁"的受力机制，从而增强面板结构的整体稳定性，加筋材料反包内置面板形成可靠连接，同时将加筋材料封闭在墙体内部，避免了加筋材料直接暴露在外，有效延缓了加筋材料的老化。嵌锁式面板挡土墙结构示意图如图 2-4-1 所示。

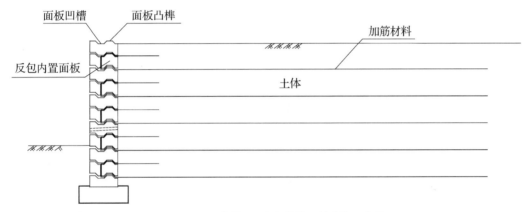

图 2-4-1　嵌锁式面板加筋挡土墙结构示意图

为了研究这种嵌锁式面板加筋挡土墙结构承载能力的科学合理性，基于数值计算，将嵌锁式加筋挡土墙和其他四种挡土墙进行承载能力的对比数值试验验证，以期对这种挡土墙结构的技术优势进行必要的阐析。这五种对比的挡土墙类型分别为纯土台、不加筋嵌锁式、不加筋非嵌锁式、加筋非嵌锁式和加筋嵌锁式。

前三种挡土墙模式对应不设置加筋的工况，重点关注面板的嵌锁机制对挡土墙承载性能的影响；后两种挡土墙模式对应加筋的工况，重点关注面板的嵌锁机制对加筋挡土墙承载性能的影响。

模型尺寸：面板宽 0.45 m，高 0.2 m；面板基座宽 0.65 m，高 0.2 m；土体宽 4.55 m，高 1.6 m；土基全宽 7 m，面板前宽 1.8 m，高 1.6 m；加筋材料嵌入面板 0.45 m，嵌入土体 3.55 m。

材料本构关系：土体和土基的本构关系均采用摩尔库伦模型；面板和基座考虑到采用素混凝土材料，其强度、刚度均高出土体很多，所以采用弹性本构；加筋材料采用弹性本构。

相互作用：面板和加筋体之间为接触关系，接触面切向摩擦系数为 0.21，法向接触均为硬接触；面板与其后填土、面板底座与周围土体之间为接触关系，接触面切向摩擦系数为 0.15，法向接触均为硬接触；土基和土层之间为绑定约束；土层和加筋材料为绑定约束。

边界条件：土基两侧采用水平约束，土基底部为竖向约束；土层右侧为水平约束。

单元网格划分：土基、土体、面板、基座采用 4 节点平面应变单元，面板和基座共划分为 366 个单元，土基划分为 476 个单元，土体划分为 2 912 个单元；加筋材料采用平面 2 节点梁单元，划分为 176 个单元。

荷载作用：①结构自重，重度取 20 kN/m³；②土台顶部分级施加均布荷载，详见表 2-4-1。

2.4.1 纯土台、不加筋嵌锁式、不加筋非嵌锁式挡土墙承载力对比

2.4.1.1 纯土台

1. 模型参数（见表 2-4-1）

表 2-4-1 物理力学指标

模型名称	密度/(t·m⁻³)	弹性模量/kPa	泊松比	摩擦角/(°)	黏聚力/kPa	几何尺寸	荷载
土台	2.0	6 000	0.27	30	25	高：1.6 m	（1）土台自重 （2）土台顶分布压力荷载（kPa） 50-10-10-10-10
地基	2.0	30 000	0.28	35	50	深：1.6 m	

2. 计算模型（见图 2-4-2）

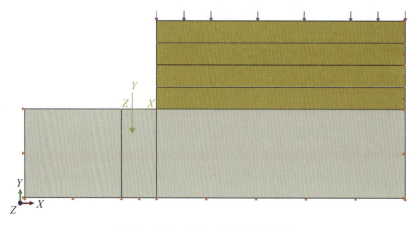

图 2-4-2 土台-地基结构示意图

3. 计算结果

模型计算到第 5 步出现发散。即对应的最大承载压力为 71.06 kPa。其塑性剪切带云图如图 2-4-3、图 2-4-4 所示。

图 2-4-3　土台-地基结构在极限荷载作用下塑性应变云图

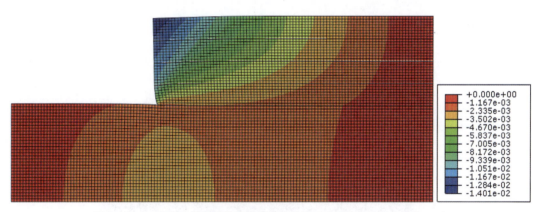

图 2-4-4　土台-地基结构在极限荷载作用下水平位移云图（单位：m）

2.4.1.2　不加筋嵌锁式挡土墙

1. 模型参数（见表 2-4-2）

表 2-4-2　物理力学指标

模型名称	密度 /(t·m^{-3})	弹性模量 /kPa	泊松比	摩擦角 /(°)	黏聚力 /kPa	几何尺寸	荷载
土台	2.0	6 000	0.27	30°	25	高：1.6 m	（1）土台自重 （2）土台顶分布压力荷载（kPa） 50-30-10-10-10
地基	2.0	30 000	0.28	35°	50	深：1.6 m	
砌块	2.4	3E7	0.167	—	—	0.5 m×0.2 m	

面板之间、面板与其后填土、面板底座与周围土体之间均为接触关系，接触面切向摩擦系数为 0.15，法向接触为硬接触。

2. 计算模型（见图 2-4-5）

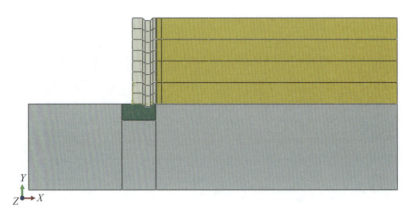

图 2-4-5　不加筋嵌锁式挡土墙结构示意图

3. 计算结果

模型计算到第 4 步出现发散。即对应的最大承载压力为 83.5 kPa。其塑性剪切带云图如图 2-4-6、图 2-4-7 所示。相对于图 2-4-3，塑性剪切带上移，极限承载力提高 17.5%。嵌锁式挡土墙面板底部出现较为明显的间隙，由于齿槽之间的咬合发挥作用，不会出现整体滑移，面板整体变位形态呈现绕底层面板前端的转动。

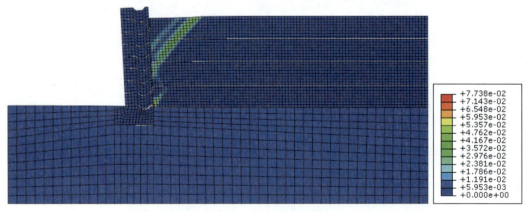

图 2-4-6　不加筋嵌锁式挡土墙结构在极限荷载作用下塑性应变云图

2.4.1.3　不加筋非嵌锁式挡土墙

1. 模型参数

模型参数同表 2-4-2。面板之间、面板与其后填土、面板底座与周围土体之间均为接触关系，接触面切向摩擦系数为 0.15，法向接触为硬接触。

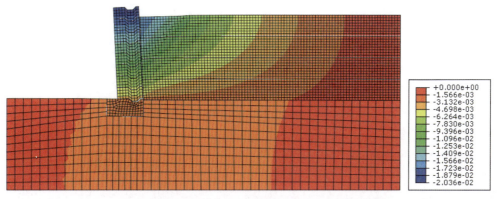

图2-4-7 不加筋嵌锁式挡土墙结构在极限荷载作用下水平位移云图（单位：m）

2. 计算模型（见图2-4-8）

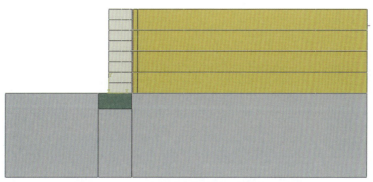

图2-4-8 不加筋非嵌锁式挡土墙结构示意图

3. 计算结果

模型计算到第3步出现发散。即对应的最大承载压力为78.79 kPa。其塑性剪切带云图如图2-4-9、图2-4-10所示。相对于图2-4-3，极限承载力提高10.8%，相对于图2-4-9，极限承载能力降低5.6%。非嵌锁式挡土墙面板从下而上依次出现错位滑移，底部面板未出现较为明显的间隙，面板整体位移形态呈现水平向错位滑移。

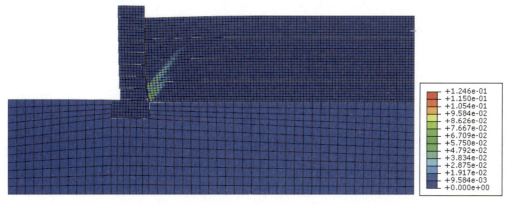

图2-4-9 不加筋非嵌锁式挡土墙结构在极限荷载作用下塑性应变云图

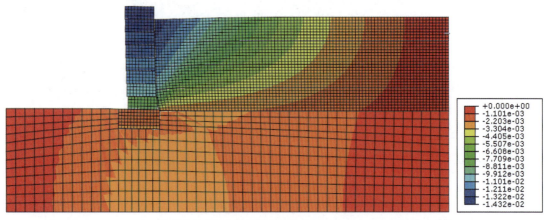

图 2-4-10　不加筋非嵌锁式挡土墙结构在极限荷载作用下水平位移云图（单位：m）

2.4.1.4　小结

对比以上三种结构，在不加筋的相同条件下，嵌锁式面板挡土墙结构的承载能力最优，其对比指标如表 2-4-3 所示。

表 2-4-3　不加筋条件下三种挡土墙承载能力对比

挡土墙类型	最大承载能力/kPa	最大塑性剪切应变	破坏形态	墙顶水平位移/m
纯土台	71.06	9.56E-2	自墙角斜向上形成明显的塑性剪切带	0.014
非嵌锁式	78.79	1.24E-1	面板整体位移形态呈现水平向错位滑移，自墙角斜向上形成明显的塑性剪切带	0.014
嵌锁式	83.5	7.73E-2	塑性剪切带上移，嵌锁式挡土墙面板底部出现较为明显的间隙，由于齿槽之间的咬合发挥作用，不会出现整体滑移，面板整体变位形态呈现绕底层面板前端的转动	0.020

2.4.2　加筋嵌锁式挡土墙、加筋非嵌锁式挡土墙承载能力分析

2.4.2.1　加筋嵌锁式挡土墙

1. 模型参数（见表 2-4-4）

面板和加筋体之间为接触关系，接触面切向摩擦系数为 0.21；面板与其后填土、面板底座与周围土体之间均为接触关系，接触面切向摩擦系数为 0.15，法向接触均为硬接触。

表 2-4-4 物理力学指标

模型名称	密度 /(t·m^{-3})	弹性模量 /kPa	泊松比	摩擦角 /(°)	黏聚力 /kPa	几何尺寸	荷 载
土台	2.0	6 000	0.27	30°	25	高：1.6 m	（1）土台自重 （2）土台顶分布压力荷载（kPa） 35-30-30-50-50-50
地基	2.0	30 000	0.28	35°	50	深：1.6 m	
砌块	2.4	3E7	0.167	—	—	0.5 m× 0.2 m	
加筋材料	0.1	1.05E7	0.25	—	—	—	

2. 计算模型（见图 2-4-11）

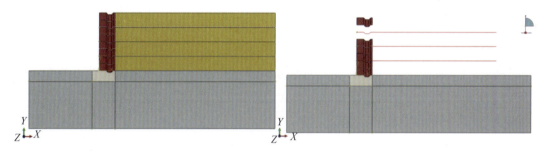

图 2-4-11 加筋嵌锁式挡土墙结构示意图

3. 计算结果

模型计算到第 6 步出现发散。即对应的最大承载压力为 162.50 kPa。其塑性剪切带云图如图 2-4-12、图 2-4-13 所示。相对于图 2-4-3、图 2-4-9，极限承载力分别提高 128.7%、94.6%。面板变形以相对滑动和转动为主，加筋对面板有明显的拉结作用，从而使整体结构整体承载能力提高，能承担更重荷载。

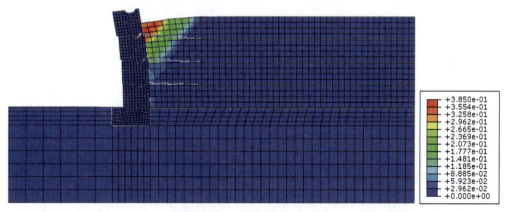

图 2-4-12 加筋嵌锁式挡土墙结构在极限荷载作用下塑性应变云图

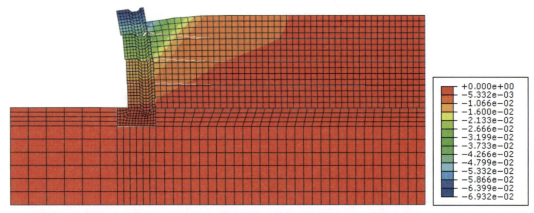

图 2-4-13　加筋嵌锁式挡土墙结构在极限荷载作用下水平位移云图（单位：m）

2.4.2.2　加筋非嵌锁式挡土墙

1. 模型参数

模型参数同表 2-4-4。面板和加筋体之间为接触关系，接触面切向摩擦系数为 0.21；面板与其后填土、面板底座与周围土体之间均为接触关系，接触面切向摩擦系数为 0.15，法向接触均为硬接触。

2. 计算模型（见图 2-4-14）

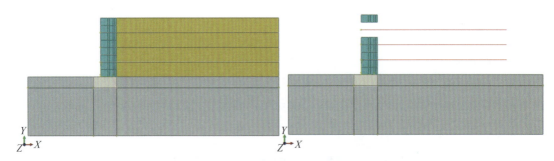

图 2-4-14　加筋非嵌锁式挡土墙结构示意图

3. 计算结果

模型计算到第 6 步出现发散。即对应的最大承载压力为 114.2 kPa。其塑性剪切带云图如图 2-4-15、图 2-4-16 所示。相对于图 2-4-12，极限承载力降低 29.7%。面板变形以相对滑动为主，转动成分很少。

2.4.2.3　小结

对比以上两种结构，在加筋的相同条件下，嵌锁式面板挡土墙结构的承载能力最优，其对比指标如表 2-4-5 所示。

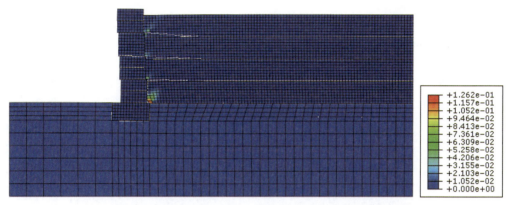

图2-4-15 加筋非嵌锁式挡土墙结构在极限荷载作用下塑性应变云图

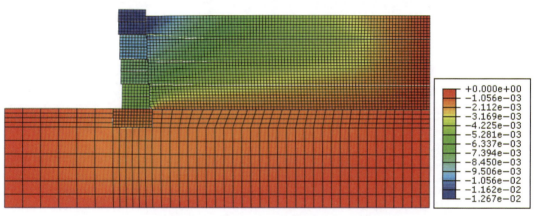

图2-4-16 加筋非嵌锁式挡土墙结构在极限荷载作用下水平位移云图（单位：m）

表2-4-5 不加筋、加筋非嵌锁、加筋嵌锁三种挡土墙承载能力对比

挡土墙类型	最大承载能力 /kPa	最大塑性剪切应变	破坏形态	墙顶水平位移/m
不加筋嵌锁式	83.5	7.73E-2	面板整体变位形态呈现绕底层面板前端的转动	0.020
加筋非嵌锁式	114.2	1.26E-1	面板变形以相对滑动为主，转动成分很少	0.013
加筋嵌锁式	162.5	3.85E-3	面板变形以相对滑动和转动为主，加筋对面板有明显的拉结作用，从而使整体结构整体承载能力提高，能承担更重荷载	0.069

2.4.3 工程实践

2.4.3.1 技术方案

如图 2-4-17~图 2-4-21 所示，面板为整体式面板 1 和组合式面板 2 两种，均呈长方体，面板 2 由 2-1 和 2-2 组成，预制时面板 2 可以采取和面板 1 相同的模板，只在其中的设定位置设置分隔板将其分隔，脱模后即分为 2-1 和 2-2。面板顶底面设置齿槽 3，加筋材料沿 2-2 板底敷设，并沿 2-2 端面、顶面反包，伸出面板后缘一定距离，然后其上又被上一层的整体板压住，结合墙后填料 5，逐层填筑、逐层压实，依次逐层向上施工，直至顶端。面板的逐层砌筑方式可以采取干砌或浆砌两种砌筑方式，进行错缝砌筑（见图 2-4-21 中的指示 7）。面板 2-2 和面板 2-1 一同整体砌筑，依据地基承载能力的大小来确定是否给加筋挡土墙最底层面板（从下而上第一层面板）另外配置基础 7 以扩散地基应力。

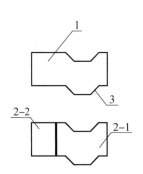

图 2-4-17 挡土墙面板立面示意图

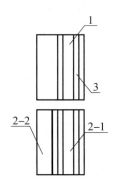

图 2-4-18 挡土墙面板平面示意图

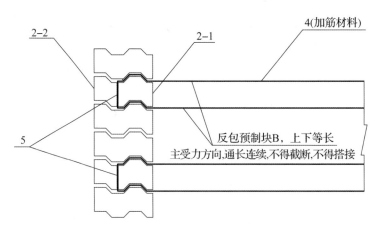

图 2-4-19 加筋材料反包挡土墙面板立面示意图

2.4.3.2 工程案例

某西北国防工程场区挡土墙工程长 230 m，墙体最高 8.9 m，最矮 2.5 m，平均墙高

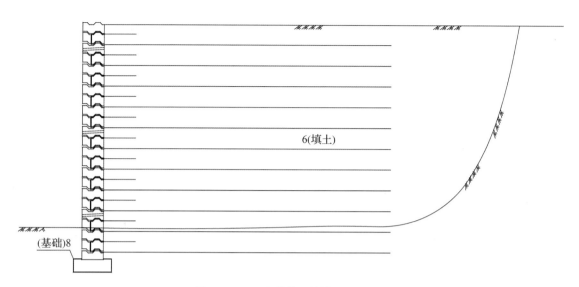

图 2-4-20　加筋挡土墙横断面示意图

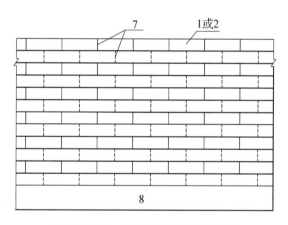

图 2-4-21　加筋挡土墙立面示意图

7.5 m。选取有表征性的典型断面进行加筋挡土墙和钢筋混凝土悬臂挡土墙两种设计方案对比。这两种方案的共同特点是整体性好、结构抗力大。因场地地质条件为严重湿陷性黄土且承载力较低，需要进行适度地基处理方可在其上修建结构物，所以传统的圬工重力式挡土墙因对地基承载力要求较高且对地基变形更为敏感而没有采用。钢筋混凝土悬臂挡土墙结构如图 2-4-22 所示，加筋挡土墙结构断面如图 2-4-23 所示。两种结构的对比分析如表 2-4-6 所示。基于对比不难发现，加筋挡土墙在施工便捷式上具有一定优势，面板采取预制方式，化整为零，基本上不需要大型施工设备，需要消耗一定的人力。相较钢筋混凝土结构，在造价上则具有较为明显的优势，可以节省 31%。经稳定性计算分析，该工程采用加筋挡土墙结构，其稳定安全最小系数为 1.536，满足规范要求。稳定系数云图如图 2-4-24 所示。

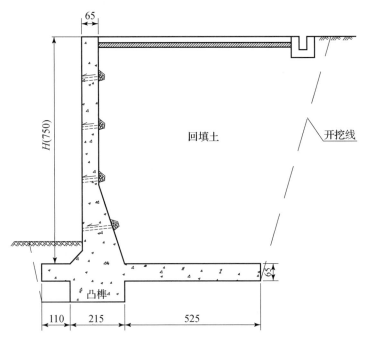

图 2-4-22 钢筋混凝土悬臂挡土墙断面图（单位：cm）

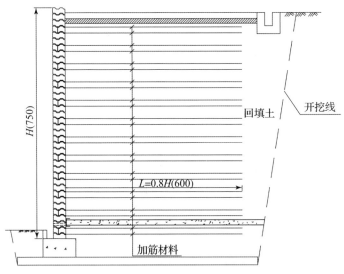

图 2-4-23 加筋挡土墙断面图（单位：cm）

表 2-4-6 挡土墙方案对比表

方案	挡土原理	施工难易	造价指标
方案一 加筋挡土墙	加筋和填土形成自锚固体后再抵抗加筋土体后的土体	预制面板、反包加筋材料、分层压实施工，方便快捷	1.45万元/延米

续表

方案	挡土原理	施工难易	造价指标
方案二 钢筋混凝土悬臂挡土墙	钢筋混凝土结构提供抗力来抵抗墙后土压力	绑扎钢筋、支模板、浇筑混凝土、养生、回填压实墙后填土	2.1万元/延米

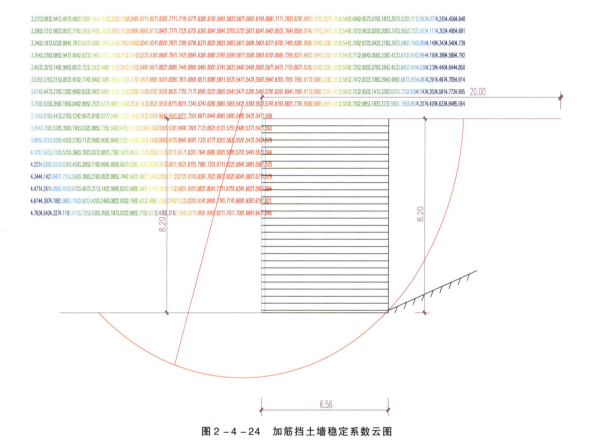

图 2-4-24 加筋挡土墙稳定系数云图

2.4.4 小结

加筋嵌锁式挡土墙通过上下相邻面板之间设置齿榫和齿槽，形成"咬合嵌锁"的受力机制，增强挡土墙面板的整体稳定性、牢固性；又基于加筋材料反包内置面板的连接技术，大幅提高加筋材料和面板之间的连接性能，同时将加筋材料封闭在墙体内部，有效延缓加筋材料的老化。加筋嵌锁式挡土墙系列技术同步申请了国家专利（ZL 2017 2 1539931.4、ZL 2017 2 1540660.4、ZL 2017 2 1539929.7、ZL 2017 2 1541155.1、ZL 2017 2 1539890.9）。数值计算证明了这种挡土墙结构在承载能力方面具有明显优势。工程方案的经济对比分析证明了该挡土墙结构具有施工便捷、造价经济的特点。

2.5 特载作用下的水泥混凝土道面承载能力研究

对于特殊荷载作用下的道面承载能力验算，水泥混凝土路面设计规范中基于标准轴载和当量圆模式的荷载应力分析方法不再适用，采用弹性层状体系假定的数值计算方法能较好完成特载作用下的应力分析；在板体温度应力计算方面，规范中计算方法依然适用，将数值计算的荷载应力分析和规范计算的温度应力分析结果叠加，即为水泥混凝土道板整体应力分析。

2.5.1 基本条件

某特载车处于工作状态时，轮胎不再受力，由四个支腿承受全部竖向荷载，支腿与地面接触面积为 400 mm×600 mm，支腿与地面接触面积上的最大分布荷载为 0.8 MPa，换算为单支腿集中荷载为 19.2 t，4 个支腿总荷载为 76.8 t。为了确保特载车支腿在工作状态时的稳定，其下需要能满足承载力要求的稳定场坪，特载车工作平面尺寸要求为 18 m×5 m。

某机场跑道分布着四种结构层组成的水泥混凝土道面场坪，其中，道面一为二级混凝土机场跑道，面层：水泥混凝土 25 cm；基层：水泥稳定碎石 30 cm；垫层：黏土 50 cm。道面二为三级混凝土机场跑道，面层：水泥混凝土 35 cm；基层：水泥稳定碎石 40 cm；垫层：黏土 50 cm；道面三为四级混凝土机场跑道，面层：水泥混凝土 45 cm；基层：水泥稳定碎石 50 cm；垫层：黏土 50 cm；道面四为备用简易跑道，面层：水泥混凝土 22 cm；基层：水泥稳定碎石 10 cm；垫层：天然砂砾 40 cm；盐胀隔断层 16 cm。

四种道面的结构层示意图如图 2-5-1 所示。

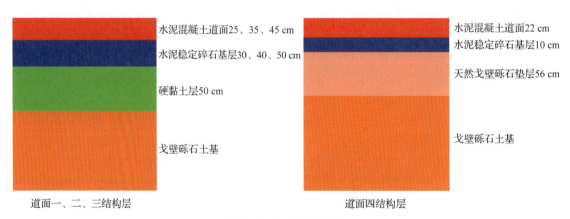

图 2-5-1 道面结构层

如何确定道面在特载车支腿作用下的承载能力是研究的重点问题，《公路水泥混凝土路面设计规范》（JTG D40—2002）中混凝土面板荷载应力分析是基于标准轴载和标准当量圆的作用模式,同时考虑标准轴载作用疲劳因素,规范中作用荷载及接触面积的大小和本节支腿接触有较大差别,规范中的公式不能直接利用。鉴于此,将采用有限元数值计算的方法,对特殊荷载作用下的道面的承载能力进行研究。

2.5.2 道面承载能力分析

从上述四种道面结构层强弱可以定性看出:四种道面结构层承载能力排序依次为道面三、道面二、道面一、道面四。

选取承载能力较弱的道面一和道面四作为研究对象,涵盖道面二、三的承载能力验算。

2.5.2.1 道面一承载力计算

1. 支腿荷载应力分析

首先依据靶标分仓尺寸和特载车的支腿分布间距,确定合理的车载布置图。布置原则:尽量躲避面层分仓板缝,将支腿分布在板的中部。道面一的分仓尺寸为 3.75 m × 3.5 m。

合理的车载布置图如图 2-5-2 所示。

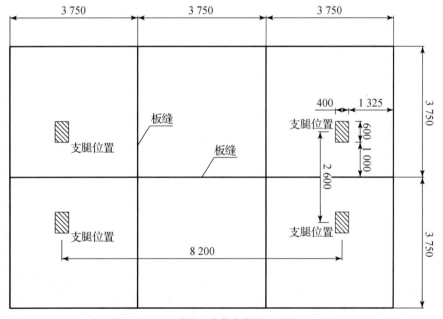

图 2-5-2 道面一车载布置图(单位:mm)

依据单支腿距离单块板的位置关系建立三维有限元分析模型,如图 2-5-3 所示。模型物理力学指标如表 2-5-1 所示。

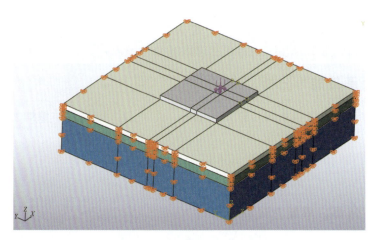

图2-5-3 道面一计算模型

表2-5-1 道面一物理力学指标

项目	颜色	平面尺寸/(m×m)	厚度/m	弹性模量/(kN·m^{-2})	泊松比	压力荷载/kPa
面层		3.75×3.75	0.25	3.1E7	0.167	—
基层		11.25×11.25	0.3	1.3E6	0.22	
垫层		11.25×11.25	0.5	3.75E5	0.30	
土基		11.25×11.25	2	6.0E5	0.30	
压力荷载（支腿）	—	0.4×0.6	—	—	—	800

计算结果如图2-5-4~图2-5-7所示，应力单位为kN/m^2。

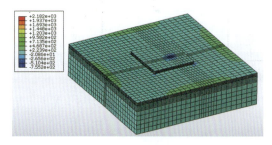

图2-5-4 最大主应力云图

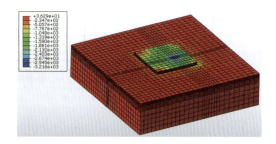

图2-5-5 最小主应力云图

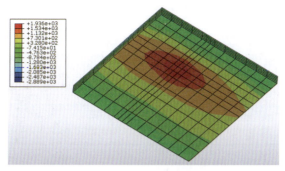

图 2-5-6 板底 S11 方向应力云图

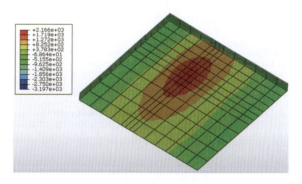

图 2-5-7 板底 S22 方向应力云图

由图 2-5-6、图 2-5-7 可知，混凝土面层板底在 S11 和 S22 方向产生的板底最大弯拉应力分别为 1.94 MPa 和 2.17 MPa，其合成最大弯拉应力为 2.91 MPa。

2. 温度疲劳应力计算

按照《公路水泥混凝土路面设计规范》（JTG D40—2002）中的公式计算。

本项目属于 $Ⅵ_2$ 区，最大温度梯度为 89 ℃/cm。板长 3.75 m，$\dfrac{l}{r} = \dfrac{3.75}{0.748} = 5.01$，由规范图 B.2.2 可查普通混凝土板厚 $h = 0.25$ m，$B_X = 0.535$，按照规范公式（B.2.2），最大温度梯度时混凝土面板的翘曲应力为 1.845 MPa。按照规范公式（B.2.3）计算温度疲劳系数为 0.503，按照规范公式（B.2.1）计算温度疲劳应力为 0.929 MPa。

将支腿静载和温度疲劳应力相加为 3.839 MPa，该值乘以可靠度系数 1.15，为 4.41 MPa，小于设计强度指标 5 MPa 要求，故承载能力满足要求。

2.5.2.2 道面四承载力计算

1. 支腿荷载应力分析

首先依据靶标分仓尺寸和导弹发射车的支腿分布间距，确定合理的车载布置图。布置原则：尽量躲避面层分仓板缝，将支腿分布在板的中部。道面四的分仓尺寸为 3.75 m × 3.0 m。

合理的车载布置图如图 2-5-8 所示。

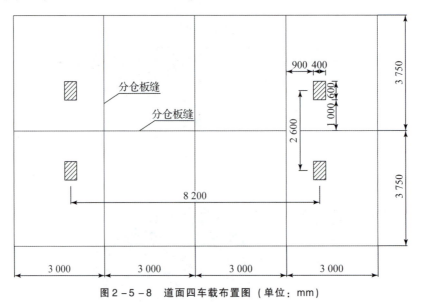

图 2-5-8 道面四车载布置图（单位：mm）

依据单支腿距离单块板的位置关系建立三维有限元分析模型，如图 2-5-9 所示。

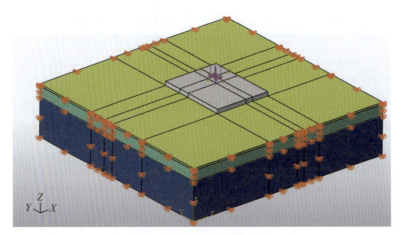

图 2-5-9 道面四计算模型

模型物理力学指标如表 2-5-2 所示。

表 2-5-2 道面四物理力学指标

项目	颜色	平面尺寸 /(m×m)	厚度 /m	弹性模量 /(kN·m^{-2})	泊松比	压力荷载 /kPa
面层		3.75×3	0.22	3.1E7	0.167	—
基层		11.25×11.25	0.10	1.3E6	0.22	—

续表

项目	颜色	平面尺寸/(m×m)	厚度/m	弹性模量/(kN·m^{-2})	泊松比	压力荷载/kPa
垫层		11.25×11.25	0.56	3.75E5	0.30	—
土基		11.25×11.25	2	6.0E5	0.30	—
压力荷载（支腿）	—	0.4×0.6	—	—	—	800

计算结果如图2-5-10～图2-5-13所示，应力单位为kN/m²。

图2-5-10 最大主应力云图

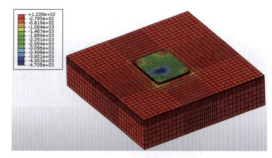

图2-5-11 最小主应力云图

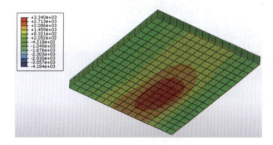

图2-5-12 板底S11方向应力云图

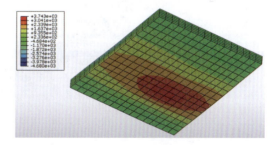

图2-5-13 板底S22方向应力云图

由图2-5-12、图2-5-13可知，混凝土面层板底在S11和S22方向产生的板底最大弯拉应力分别为3.34 MPa和3.74 MPa，其合成最大弯拉应力为5.01 MPa。

2. 温度疲劳应力计算

按照《公路水泥混凝土路面设计规范》（JTG D40—2002）中的公式计算。

本项目属于Ⅵ$_2$区，最大温度梯度为89 ℃/cm。板长3.75 m，$\frac{l}{r} = \frac{3.75}{0.748} = 5.01$，由规范图B.2.2可查普通混凝土板厚$h = 0.22$ m，$B_x = 0.60$，按照规范公式（B.2.2），最大温度梯度时混凝土面板的翘曲应力为1.821 MPa。按照规范公式（B.2.3）计算温度疲劳系数为0.465，按照规范公式（B.2.1）计算温度疲劳应力为0.848 MPa。

将支腿静载和温度疲劳应力相加为5.858 MPa，该值乘以可靠度系数1.15，为6.735 MPa，大于设计强度指标5 MPa要求，承载力不满足要求。

2.5.3 道面加设钢垫板承载力验算

鉴于道面四现有承载能力不能满足特载车支腿荷载要求，于是探讨支腿下加设钢垫板后道面承载能力能否改善。钢垫板初步尺寸为1.2 m×1.0 m（相对于支腿接触面积，每侧伸出0.3 m），钢板厚度20 mm。

1. 支腿荷载应力分析

加设钢板后的三维有限元分析模型如图2-5-14所示。

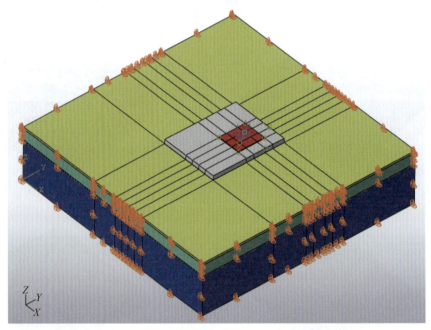

图2-5-14　支腿加设钢垫板后的计算模型

模型物理力学指标如表2-5-3所示。

表2-5-3　道面加设钢垫板物理力学指标

项目	颜色	平面尺寸/(m×m)	厚度/m	弹性模量/(kN·m^{-2})	泊松比	压力荷载/kPa
面层		3.75×3	0.22	3.1E7	0.167	—
基层		11.25×11.25	0.10	1.3E6	0.22	—

续表

项目	颜色	平面尺寸/(m×m)	厚度/m	弹性模量/(kN·m^{-2})	泊松比	压力荷载/kPa
垫层		11.25×11.25	0.56	3.75E5	0.30	—
土基		11.25×11.25	2	6.0E5	0.30	—
钢板		1.2×1.4	0.03	2.1E8	0.3	—
压力荷载（支腿）	—	0.4×0.6	—	—	—	800

计算结果如图2-5-15~图2-5-18所示，应力单位为kN/m²。

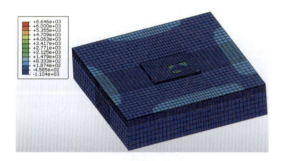

图2-5-15 最大主应力云图

图2-5-16 最小主应力云图

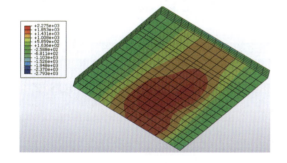

图2-5-17 板底S11方向应力云图

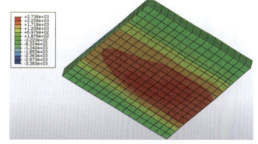

图2-5-18 板底S22方向应力云图

由图2-5-17、图2-5-18可知，混凝土面层板底在S11和S22方向产生的板底最大弯拉应力分别为2.27 MPa和2.73 MPa，其合成最大弯拉应力为3.55 MPa。相对不加设钢垫板的板底最大弯拉应力5.02 MPa，减少30%，改善效果非常明显。

2. 温度疲劳应力计算

按照《公路水泥混凝土路面设计规范》（JTG D40—2002）中的公式计算。

本项目属于Ⅵ$_2$区，最大温度梯度为89 ℃/cm。板长3.75 m，$\dfrac{l}{r} = \dfrac{3.75}{0.748} = 5.01$，由

规范图 B.2.2 可查普通混凝土板厚 $h = 0.22$ m，$B_x = 0.60$，按照规范公式（B.2.2），最大温度梯度时混凝土面板的翘曲应力为 1.821 MPa。按照规范公式（B.2.3）计算温度疲劳系数为 0.465，按照规范公式（B.2.1）计算温度疲劳应力为 0.848 MPa。

将支腿静载和温度疲劳应力相加为 4.398 MPa，该值乘以可靠度系数 1.15，为 5.05 MPa，略大于设计强度指标 5 MPa 要求，承载能力基本满足要求。

2.5.4 小结

（1）对于特殊荷载作用下的道面承载能力验算，规范中基于标准轴载和当量圆模式的荷载应力分析方法不再适用，采用弹性层状体系假定的数值计算方法能较好完成特载作用下的应力分析；在板体温度应力计算方面，规范中计算方法依然适用，将两者计算结果叠加，即为水泥混凝土道板整体应力分析。

（2）道面一、二、三现状道面承载力满足支腿荷载要求。

（3）道面四不满足承载要求，附加钢垫板后可以满足要求。

（4）为了使水泥混凝土道板受力合理，实施细节要求如下：支腿位置应回避分仓板缝，支腿支撑点尽量靠板中布设。为了避免应力集中和分散荷载，要求支腿位置处道面平整，不得有突起物，支腿下加设钢垫板，每个支撑点钢板平面尺寸为 1.2 m × 1.0 m，钢板厚 24 mm，钢垫板位置依据每个支撑点居中布设，钢板下设 5 mm 橡胶垫板，平面尺寸为 1.2 m × 1.0 m，以缓冲钢板和混凝土道面之间的刚性接触造成的局部应力集中。

2.6 危岩体加固技术研究

本节以涉县娲皇宫危岩为例，在工程地质调研的基础上，采用 Sarma 法对娲皇宫建筑群顶的危岩进行了稳定分析，特别进行了暴雨和地震对危岩体安全稳定系数的敏感性分析。详细阐述了危岩体加固设计的加固区域和加固顺序，从动态设计和信息施工的理念得出了整个危岩体工程的实施流程。

2.6.1 工程概况

娲皇宫危岩体保护工程位于河北省涉县，涉县位于河北省西南部太行山区。娲皇宫为全国重点文物保护单位，位于河北省涉县县城西北角 10 km 处的索堡村唐王山腰的悬崖绝壁之上，海拔 275～335 m。它西临清漳河左岸，左托飞天峰，右倚凤凰山，是我国最大的奉祀上古天神女娲氏的古代建筑群。

娲皇宫始建于北齐，坐东面西，依地形、山势而建，总占地面积 15 000 余平方米，建筑面积为 1 632 m²，由山上娲皇宫和山下朝元宫、停骖宫、广生宫四组建筑物组成，其间以十八盘山道连接，计有房屋 135 间，历代碑刻 98 通，为一组规模宏大、气势恢宏、整肃巍峨、仙姿勃发的古代建筑群，如图 2-6-1 所示。

图 2-6-1 娲皇宫远眺

2.6.2 危岩现状及成因分析

娲皇宫危岩体位于娲皇宫后的悬崖峭壁上。峭壁高 49~55 m，岩壁近于直立，坡度为 74°~87°，在其上有七块危岩体，分布如图 2-6-2 所示。

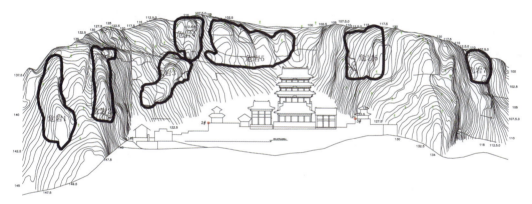

图 2-6-2 危岩体分布示意图

典型危岩体的照片如图 2-6-3、图 2-6-4 所示。

图 2-6-3 典型危岩正面照片

图 2-6-4 典型危岩侧面照片

娲皇宫危岩体主要是由危岩体内节理、岩层层理形成的结构面及其不利组合而形成的。各危岩体中延伸较长，控制危岩体形成的水平向节理的走向与陡崖临空面的走向基本平行，这些节理面既不光滑也不平直。经综合分析，有理由认为，控制危岩体形成的各主要水平向节理是由娲皇宫后陡崖临空卸载而产生的。

除了节理外，岩层中的层面也是危岩形成的主要结构面。娲皇宫后陡崖上共有三条平行的层理（产状 SE25°∠10°），其中最上面一条在眼光洞处距地面 25.5 m，该条层面层间弱层明显，将危岩分成上下两部分，控制着危岩体的形成及稳定，除此之外，在其下面，还有两条层间弱层很不明显的层理，与最上一条的距离分别为 15.8 m 和 21 m。娲皇宫陡崖上的层理，虽然其倾向（SE25°）对危岩体的稳定有利，但层理的存在破坏了岩层的连续性，大大降低了岩层的连接强度。以上述在眼光洞处距地面 25.5 m 的主要层理为界，可将研究范围内的危岩体分成层理以上（危岩体 4、5、6）和层理以下（危岩体 1、2、3、7）两部分。

层理以上危岩体（4、5、6）主要是由其后的节理及其下的层理共同切割形成的，影响稳定的关键是其后节理的深度，随着节理的不断延伸，岩层间的连接逐渐降低，在暴雨条件下，作用在后壁的静水压力增大或受地震的影响，这些危岩体就会发生崩塌。

层理以下危岩体 1、2、3 主要是由其后的节理、底部的临空面及顶部的层理共同作用而形成的。危岩体后面的节理削弱了它与岩壁的连接，顶部的层理大大降低了上部岩层对其下滑的牵制，临空的底部使其失去了支撑，影响稳定的关键是其后节理的延伸深度，随着延伸深度的增加，危岩体与其后岩壁的连接不断降低，在自重作用下，危岩体 1、2、3 极有向下崩落的可能。

层理以下危岩体 7 主要是由其后的节理及底部的破坏共同作用形成的。危岩体后面的节理削弱了它与岩壁的连接，使危岩体底部所受的荷载增大，从而加速了底部的溃屈。危岩体底部的破坏反过来又会降低其对危岩体的支撑作用，加剧危岩体后节理的扩展，降低其稳定性。

2.6.3 危岩体稳定分析

Sarma 法是极限平衡理论中较为先进的方法。与其他几种方法的最大区别是滑面可以是任意形状，包括平面、圆弧、非圆弧及其他复杂形式，滑体可以非垂直条划分，基本假设很少，数学模型的推导比较严密，适用于具有复杂滑动面边坡的稳定性计算。它可以根据边坡岩土内的断层、节理、层面和裂隙等结构面分布划分条块及确定条块的形态，力学模型比较接近于实际。此外，Sarma 法不仅能够计算一定条件下的边坡稳定系数，而且可以对边坡的各类影响因素进行敏感性分析。

以危岩体 1 为例，选取危岩体最危险的剖面，分别计算其在无地震、水作用下，地震作用下，地震和后壁节理充水条件下的安全系数 F_s，计算结果如表 2-6-1、图 2-6-5~图 2-6-7 所示。

表 2-6-1 危岩体 1 在不同工况下的安全系数

工况	不考虑地震及降雨作用	仅暴雨作用	仅地震作用			地震与暴雨共同作用		
			Ⅵ	Ⅶ	Ⅷ	Ⅵ	Ⅶ	Ⅷ
安全系数	1.341 4	1.086 5	1.070 5	0.672 8	0.475 0	0.994 3	0.786 6	0.614 3

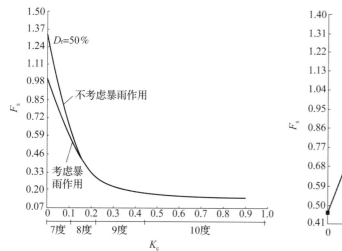

图 2-6-5　危岩体 1 稳定系数 F_s 对地震系数 K_c 敏感性分析

图 2-6-6　危岩体 1 稳定系数 F_s 对排水率 D_r 的敏感性分析

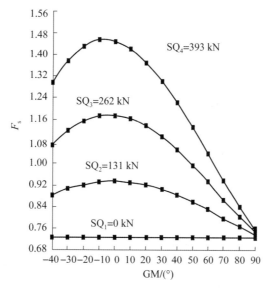

图 2-6-7　危岩体 1 稳定系数 F_s 对加固角的敏感性分析

从上述计算结果可看出：①危岩体 1 在不考虑地震及降雨和仅在暴雨作用的情况下是稳定的；如果仅考虑地震作用，危岩体 1 在 Ⅵ 级地震的作用下开始不稳定；在地震及暴雨的共同作用下，危岩体 1 在 Ⅵ 级及以上地震的作用下开始不稳定；②当危岩体的排水率小于 30% 时对其稳定有较大影响；③若欲对危岩体 1 进行加固，最佳加固角为 -10° 左右；④在抗震设防等级为 7 度，排水率为 50%，加固角为 -10° 的情况下，经加固力计算，欲使危岩体 1 的安全系数达到 1.5，边坡表面的加固力应该大于等于 251.737 kN/m²。

2.6.4　危岩体加固对策

娲皇宫作为具有重要文物价值和旅游价值的建筑群，和周围岩体具有较好的景观协调性，七块危岩恰处在建筑群的上方，其外在形状的改变对整个旅游区的景观影响较大。在考虑危岩体加固方案的选择时，力求对危岩体以及周围岩体的外观不做大的改变。

2.6.4.1 钢丝网柔性防护

该防护属于被动防护体系，只有结构出现蠕变滑动或崩塌，被动防护体系才发挥作用。支护面积大，对环境的视觉影响大。主体加固不宜采用，但在部分节理发育、过度风化破碎而又不宜清除的局部危岩段可以采用，并结合涂刷工艺，改善其对景观的影响。其主要加固内容是对危岩进行钢丝网围护，在稳定岩石上设置挂点，将钢丝网挂点固定。该方案在危岩体局部可采用，主体不宜采用。

2.6.4.2 钢筋锚杆防护

该防护属于被动防护体系，只有结构出现滑动位移，被动防护体系才开始发挥作用，但受力早于钢丝网柔性防护体系。针对危岩的悬空和破坏后的灾难性，不宜在主体加固结构上采用该方案。原因在于被动防护体系的受力始于变形，变形越大，其效用发挥越大，但过大的结构变形不但危及结构本身安全，而且会在结构节理和薄弱位置产生裂缝，影响加固的效果和使用寿命。但其在风化节理比较发育的非主体区域，由于施加预应力的不便，可以局部采用。其主要加固内容是对危岩体布置钻孔，埋设钢筋锚杆，锚杆穿越危岩体锚于稳定岩层，灌浆封孔。

2.6.4.3 预应力锚杆防护

该防护属于主动防护体系，通过施加预应力，不但其分力产生向上的抗滑力，而且对潜在滑动面的正应力将增大潜在滑动面的摩阻力，提高危岩结构本身的抗滑能力，如同将危岩结构"钉"在稳定的岩面上，在正常使用状态下不会出现新裂缝和旧裂隙的开展，其耐久性和使用寿命将大为延长。其主要加固内容是对节理和裂隙灌浆封缝，对危岩体布置钻孔，埋设预应力钢筋锚杆，锚杆穿越危岩体锚于稳定岩层，对锚固段灌浆，养生，待达到设计强度后张拉预应力钢筋，封锚。该方案在危岩体主体采用。

危岩体加固必须充分考虑每块危岩体的性质、特点、对症下药，才能确定合理的加固方案。合理布设锚杆基于两方面的考虑：一是稳定计算结果，针对最不利的滑动面布置合理的锚杆位置；二是基于危岩现状，通过对包括节理、裂隙、潜在滑动面、分块等一系列的调查和判断，找出计算合理而且能够布置锚杆的岩面，这样的岩面要求面积较大，其下应该没有裂隙托空和椎形岩面，和周围的岩块结合紧密。只有这样的岩面才能达到"以点带面"的加固效果。通常，如果危岩的风化、节理破碎程度高，则布置的锚杆位置较密一些，单锚杆施加的预应力度低一些；如果危岩的整块化程度高，则布置的锚杆位置可相对稀疏一些，单锚杆施加的预应力度高一些。预应力度的大小和预应力施加的方向直接影响加固的效果，预应力度过小则不能达到预期的加固质量，预应力度过大则会给岩体施加过大的局部荷载，如果岩体本身强度不高，可能诱发岩体的压碎破坏，从而导致加固失效，直接影响危岩的安全。

2.6.5 危岩体加固工程设计

对危岩现状和力学指标的清楚掌握是合理布设预应力锚杆和施加合理预应力的关键。对娲皇宫危岩体加固治理采用了三种加固方法,如图 2-6-8 所示。危岩体中部采用预应力锚索加固,周边采用普通锚杆加固,风化破碎较严重的下部区域除了采用上述两种加固方法外,另配之以 SNS 柔性防护网,以防止碎石崩塌滑落。以危岩体 1 为例,中部设置预应力锚索和边部设置普通锚杆的目的是基于分区加固的概念。危岩体边部区域的厚度较薄,裂隙发育明显,如采用预应力锚索则会因其施加的主动应力引发危岩的开裂甚至崩塌,采用普通锚杆的被动防护体系则可避免这一问题。危岩中部岩体较厚,同时,潜在滑动面对应的开张裂隙在中部趋于闭合,这些条件为施加预应力锚索提供了方便。

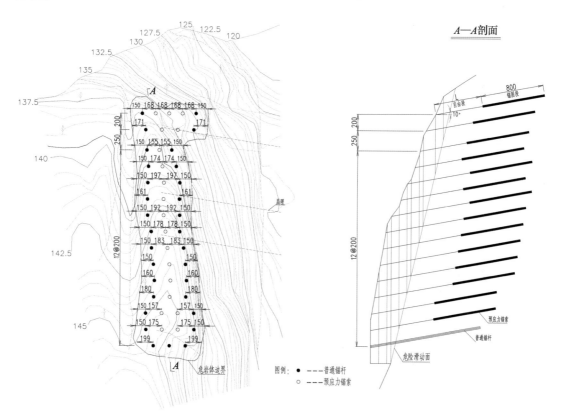

图 2-6-8 危岩体 1 加固设计示意(单位:cm)

危岩体施加预应力的作业顺序是非常关键的。对同一危岩体,由上到下划分几个区域,采用多点、分批、循环张拉方案,上部区域钻孔张拉至标准强度的 10% 后,再进行其下部区域的钻孔张拉,依次进行,由上至下,最终整个危岩的预应力锚索全部张拉至标准强度的 10%。这样做的目的是通过划分区域,减少钻孔、张拉对整个危岩体现有稳定性的影响至较低的应力水平,目的是为了减少整体危岩的局部应力,待整个危岩体全部预应力钻孔完成 10% 的张拉强度后,再采用分批循环张拉方案至设计张拉值。后续的整体张拉采用先中间后两边的张拉顺序，每循环次张至 10% 的钢绞线的标准抗拉强度，分 3 次张拉，最终锚固强度为 40% 的钢绞线张拉强度，最后锚固前超张拉 5%，并持荷 5 min。采用分次循环张拉而不是一次张拉就位的目的是尽量使危岩体在各锚索作用下均匀受力，避免应力在某一时间过分集中，同时可以较好地降低分批张拉带来的预应力损失。锚固张拉力选取 40% 的标准强度是处于主动防护安全性的考虑，张拉力如果过大，则会在危岩体内积蓄较大的应变能，这些应变能可能会通过初始结构的某些损伤（裂缝等），可能引发较大的结构面开裂等不良现象。

针对设置预应力锚索的区域，应详细查明与锚索垂直或接近垂直的结构面之间的裂隙状况，确保锚下无裂隙或托空的现象，确保锚索的作用力直接施加在"硬点上"，避免张拉锚索时发生意外。结合联合加固以及区域划分的加固设计理念，基于严格的施工阶段危岩体现状详勘，在确定合理的加固分区的基础上，进而制定区域的加固对策和区域乃至区域内部的加固顺序至为关键。对单个危岩体而言，加固的过程同时也是对原危岩体稳定平衡扰动的过程，确保加固过程中危岩体的安全、稳定是至关重要的。在岩块较为破碎的区域中，锚杆（索）的钻孔对该区域的扰动影响较大，而且较难发挥锚索在端面以点带面的效果；另外一种情况，岩体虽然较完整，但与锚索垂直或接近垂直的结构面之间存有较大裂隙甚至托空的现象，在张拉预应力锚索时，不能形成预应力锚索向锚下传力的"硬点"。以上两种情况均需采取先局部灌浆固化，再钻孔加固的方案，局部灌浆的作用在于填充岩块之间的孔隙的同时，提供较好的粘结力和黏聚力，使原本分裂甚至松散的结构面结合成整体。但钻孔前的局部固化特别是对潜在滑动面裂隙的填充，应充分慎重，因为灌浆后在灌浆材料固化以前，将产生孔隙水压力，高压灌浆则会更进一步增加孔隙水压力，孔隙水压力的出现对原本稳定性不足的岩体产生不利的影响，进一步降低岩体的稳定安全系数。基于以上考虑，在实施局部固化以前，尤其是潜在滑动面灌缝以前，必须基于区域划分的理念，对局部固化区域周边不需要局部固化的区域优先钻孔、张拉，并待其强度达到设计强度的 40% 后，再进行该区域的固化施工。这样做的目的是通过对周边区域的锚固所产生的稳定性弥补局部固化区压力灌浆所产生的暂时稳定性劣化。从该角度也说明了施工阶段危岩体现状详勘和区域划分理念在该类危岩体加固设计过程中的重要性。从总体上说，基本的加固顺序原则为先主体后局部，先主动后被动，先中间后边部。危岩体加固设计和施工从根本上讲，是一个动态交互的过程，岩体的多样性和复杂性特别是内部状态的模糊性和细节上的不可知性，往往不能在前期勘察时完全解决和把握，这就需要在整个工程实施过程中不断深入，同时配合设计予以实时动态的修正和调整。基于动态设计和信息施工法的理念，整个危岩体加固施工流程如图 2-6-9 所示。危岩体加固除了主体锚索（杆）加固外，尚包括裂隙灌浆、顶部排截水和防渗处理等一系列附属工程。工程目前正处在施工前的准备阶段。

第 2 章 特种道路工程技术

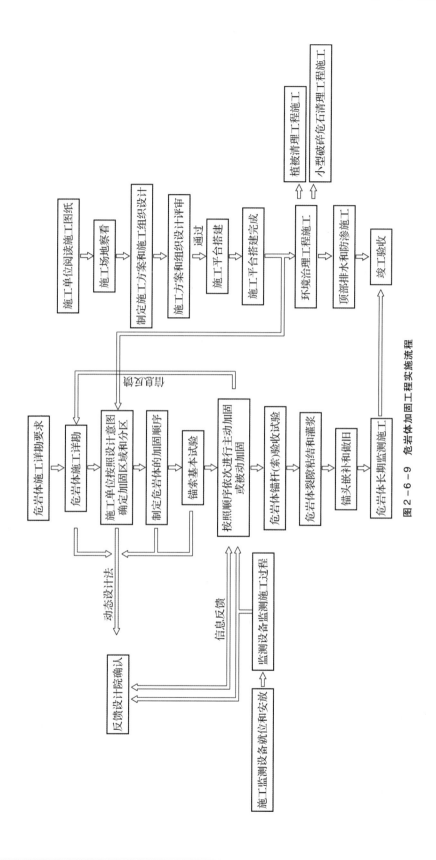

图 2-6-9 危岩体加固工程实施流程

2.6.6 小结

危岩体加固工程是一项涉及工程地质、岩石力学和结构工程等学科的多学科工程，前期基础工作量较大，包括地质勘察、节理、裂隙调绘、危岩体测绘、室内物理力学试验等一系列的工作。以这些工作为基础，进而开展危岩体现状稳定性评价，防护对策分析，加固设计，加固施工等一系列的工作。工程的难点和重点是对危岩体结构面和内部节理、裂隙几何和物理参数的正确清晰的掌握和准确合理的计算模型建立。娲皇宫危岩体的稳定性评价和加固设计是这一系统工程的合理运用和组织安排。

2.7 一种新型的装配式高性能预应力混凝土道面板承载性能研究

预应力混凝土路面预先在工作截面上施加预压应力，以提高混凝土结构的承载能力；装配式路面将工厂预制好的面板板块运输至施工现场进行装配，实现快速拼装修建、快速开放交通的目的；高强混凝土是指抗压强度达到 80 MPa 以上具有良好抗压、抗弯折韧性的活性粉末混凝土。

基于装配构件、预应力、高强混凝土三者优势相结合的设计理念，笔者创新发明了装配式预应力高强混凝土路面技术。首次实现了装配式路面和预应力技术的结合，预应力既给路面板提供了压应力储备，减薄了面板厚度，又将装配在一起的路面板紧紧连接在一起，避免了板体之间的脱离，同时也为路面板之间的企口接缝实现竖向剪力载荷传递提供必要的法向正压压应力。预应力为横纵正交双向后张预应力，沿板中线布设。单板尺寸为 3 m（道路横向）×1 m（道路纵向），厚度为 6~10 cm，既可沿道路横向拼接装配，又可沿道路纵向板拼接装配。预应力筋采用无粘结预应力钢绞线。

将预应力、装配式和高强混凝土三者结合，创新发明的装配式预应力高强混凝土路面技术，可以使面层超薄化，使路面构件轻型化，使现场装配作业更加快速、便捷。

2.7.1 装配式预应力高强混凝土路面结构构造

2.7.1.1 平面布置

装配式预应力高强混凝土路面横向和纵向均可实现装配拼接。装配拼接的板块可以是矩形或长方形，接触面设有企口，以实现相邻板拼接处传递竖向剪力的功能。单板纵向长度为 1 m，横向宽度为 3 m，单板沿纵向分为端板和中板，端板一侧不设企口而提供预应力筋张拉锚固侧壁，中板则为端板之间板块，上下端均设有企口接缝。图 2-7-1 所示为纵向 10 块单板，横向 2 块单板，共计 20 块单板构成的一个装配拼接单元，长 10 m，宽 6 m，面积为 60 m²。

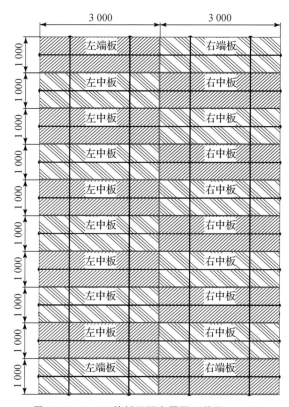

图 2-7-1　20 块板平面布置图（单位：mm）

2.7.1.2　企口接缝构造

企口接缝分为凹企口和凸企口，凹凸咬合形成一对企口接缝，如图 2-7-2、图 2-7-3 所示。

图 2-7-2　企口立面布置图（单位：mm）

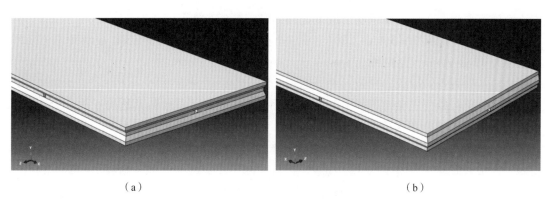

（a）　　　　　　　　　　　　　　　　（b）

图 2-7-3　企口三维示意图

（a）凹企口；（b）凸企口

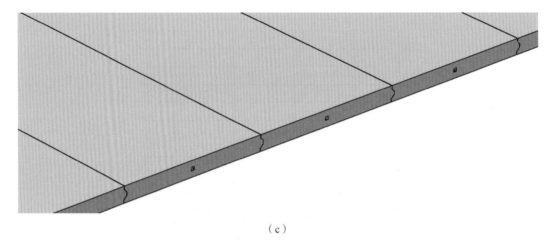

(c)

图 2-7-3 企口三维示意图（续）

(c) 凹凸企口拼接

2.7.1.3 预应力钢筋布设

预应力钢筋沿板体中心布设，这样设置的目的是为了让预应力筋对板体产生轴向正应力，避免产生垂直于板体的分布力、集中力或弯矩，因为这些力的作用可能会影响板体和其下基层之间结合。单板体横向长度为 3 m，间距为 1.5 m，布置两道纵向预应力；单板体纵向长度为 1 m，布置一道横向预应力，单板预制时精确预留预应力筋孔道，考虑到纵横预应力钢筋在平面内有交叉，可以在平面交叉点设置微弯孔道，实现纵横钢筋的相互穿越而不对板中心线产生过大偏离。预应力筋选用一根 1860 级直径 15.24 mm 的无粘结预应力钢绞线。预应力钢筋的布置示意图如图 2-7-4 所示，三维示意图如图 2-7-5 所示。预应力锚具采用夹片锚具，外套防腐套。

2.7.2 装配式预应力高强混凝土路面结构分析

2.7.2.1 计算模型

计算模型如图 2-7-6 所示。模型物理力学参数如表 2-7-1 所示。

模型尺寸：单板 3 m×1 m，厚 0.1 m，共计 20 块单板构成 10 m×6 m 拼装单元。基层尺寸为 12 m×8 m，高度为 0.6 m。

材料本构关系：单板、预应力筋、锚板、基层均采用弹性本构。

相互作用：单板底和基层顶之间为接触关系，接触面切向摩擦系数为 0.5，法向接触均为硬接触；单板企口接缝之间为接触关系，接触面切向摩擦系数为 0.5，法向接触均为硬接触；单板和预应力筋之间为接触关系，接触面切向摩擦系数为 0.1，法向接触均为硬接触。锚板和预应力筋端部为绑定约束。锚板和其下单板端面为绑定约束。

边界条件：基层四周为水平约束，土基底部为竖向约束。

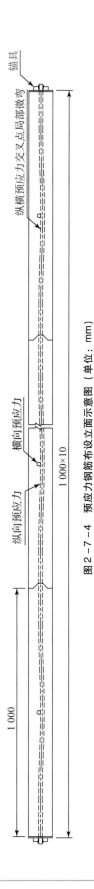

图 2-7-4 预应力钢筋布设立面示意图（单位：mm）

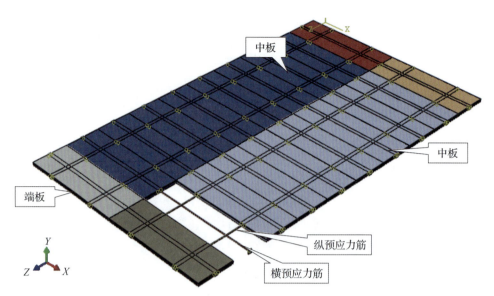

图2-7-5 预应力钢筋布设三维示意图

图2-7-6 三维计算模型

表2-7-1 物理力学指标

模型名称	密度/(t·m^{-3})	弹性模量/kPa	泊松比	温度膨胀系数	荷载
单板	2.6	5e7	0.15	—	轮压为350 kPa,作用面积尺寸为0.7 m×0.45 m;吸力为100 kPa,作用面积尺寸为0.7 m×0.45 m
基层	2.2	1.0e6	0.25	—	—
预应力筋	7.85	1.95e8	0.3	1.2e-5	930 MPa张拉控制应力
预应力筋锚板	7.85	2.1e8	0.3	—	—

预应力的施加采用降温模拟。定义初始温度场为 0°，单束 1860 级钢绞线按照标准强度 50% 作为张拉控制应力的情况下，对应的降温为 −380°。

2.7.2.2 工况分析

为了较全面地把握装配板体的力学行为，设计四种工况，进行分析。

工况一：重力场 + 预应力。分析装配板体在自重作用和预应力作用下的力学变形行为。

工况二：重力场 + 预应力 + 轮压荷载。分析装配板体在自重作用、预应力作用和承受轮载作用下的力学变形行为。

工况三：重力场 + 轮压荷载。分析装配板体在自重作用和承受轮载作用下的力学变形行为。

工况四：重力场 + 预应力 + 轮压荷载 + 上吸力荷载。分析装配板体在模拟快速通行时车辆造成的板顶负压作用下（上吸力荷载）的力学变形行为。

四种工况作用下，板体结构力学变形行为如表 2-7-2 所示。

表 2-7-2 四种工况作用下板体力学变形行为对比

工况名称	纵向正应力 /kPa	横向正应力 /kPa	预应力 /kPa	变形 /mm
工况一：重力场 + 预应力	2.5	3.7	931.5	0
工况二：重力场 + 预应力 + 轮压荷载	−1.325（板底） −3.587（板顶）	−2.327（板底） −3.587（板顶）	931.5	0.062 5
工况三：重力场 + 轮压荷载	0.496（板底） −0.584（板顶）	1.185（板底） −1.244（板顶）	0	0.060 1（未收敛）
工况四：重力场 + 预应力 + 轮压荷载 + 上吸力荷载	−0.115（板底） −4.525（板顶）	−1.010（板底） −5.760（板顶）	931.5	−0.41

注：应力正值代表拉应力，负值代表压应力。

工况一在重力场和预应力作用下，装配板的纵向及横向正应力分布云图如图 2-7-7、图 2-7-8 所示，从图中可以看出，除去施加预应力锚固点附近区域外，板体主体正应力纵向为 2.5 MPa 左右，横向为 3.7 MPa 左右，即为压应力储备。预应力云图如图 2-7-9 所示，根部为 931.5 MPa，基本没有垂向变形。

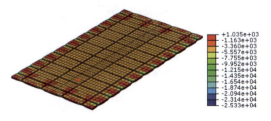

图 2-7-7 工况一横向正应力云图

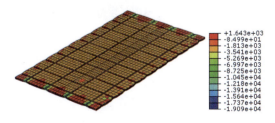

图 2-7-8 工况一纵向正应力云图

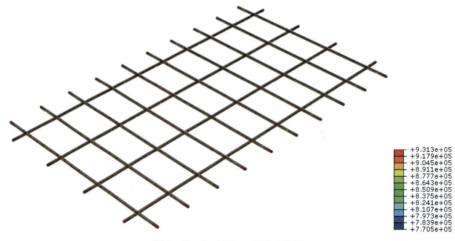

图 2-7-9 工况一预应力云图

工况二在重力场、预应力和轮载作用下,装配板垂向变形云图如图 2-7-10 所示,轮压处仅为 0.062 5 mm。轮压处板顶底正应力云图如图 2-7-11 所示。板底纵向压应力为 1.365 MPa,横向压应力为 2.327 MPa,对应的板顶压应力分别为 3.587 MPa、5.434 MPa。板底没有出现拉应力,即为轮压产生的弯拉应力不足以抵消预加应力。

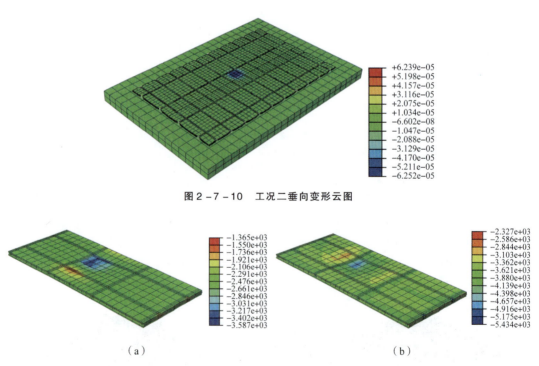

图 2-7-10 工况二垂向变形云图

(a) (b)

图 2-7-11 工况二轮压处板顶底纵横向正应力云图
(a) 轮压处板顶纵向正应力;(b) 轮压处板顶横向正应力

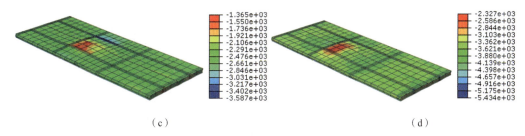

(c)　　　　　　　　　　　　　　(d)

图 2-7-11　工况二轮压处板顶底纵横向正应力云图（续）
(c) 轮压处板底纵向正应力；(d) 轮压处板底横向正应力

工况三在重力场和轮载作用下，装配板垂向变形云图如图 2-7-12 所示，垂向位移和工况二相近，但计算执行到 17 步，最终未能收敛，分析原因可能是接触面相互脱开所致。轮压处板顶底正应力云图如图 2-7-13 所示。板底纵向拉应力为 0.496 MPa，横向拉应力为 1.185 MPa，对应的板顶压应力分别为 0.584 MPa、1.244 MPa。

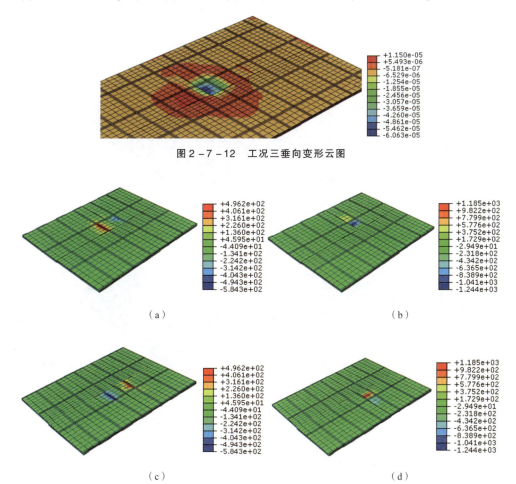

图 2-7-12　工况三垂向变形云图

(a)　　　　　　　　　　　　　　(b)

(c)　　　　　　　　　　　　　　(d)

图 2-7-13　工况三轮压处板顶底纵横向正应力云图
(a) 轮压处板顶纵向正应力；(b) 轮压处板顶横向正应力；
(c) 轮压处板底纵向正应力；(d) 轮压处板底横向正应力

工况四在轮载作用和上吸力荷载作用下，装配板垂向变形云图如图 2-7-14 所示，吸力作用处向上最大垂向位移为 0.41 mm，对应的上吸力为 31.5 kN，板体由于预应力的紧密拉结和企口接缝的嵌锁，始终为一整体，没有出现散开的迹象。上吸力和轮压处板顶底正应力云图如图 2-7-15 所示。板底纵向压应力为 0.112 MPa，横向压应力为 1.010 MPa，对应的板顶压应力分别为 4.525 MPa、5.763 MPa。板顶、板底没有出现拉应力，即为上吸力和轮压产生的弯拉应力不足以抵消预加应力。

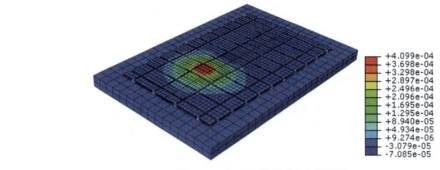

图 2-7-14 工况四垂向变形云图

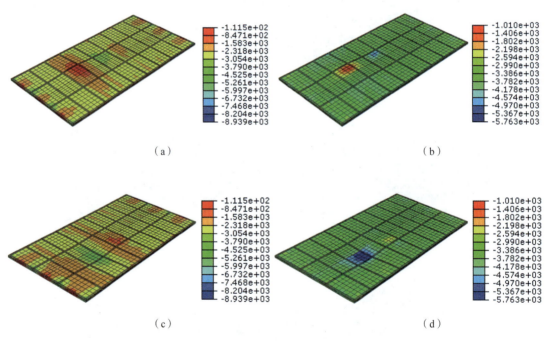

（a） （b）

（c） （d）

图 2-7-15 工况四板顶底纵横向正应力云图

（a）板顶纵向正应力；（b）板顶横向正应力；
（c）板底纵向正应力；（d）板底横向正应力

2.7.3 小结

由以上分析可以得出以下结论：

（1）预应力装配式高强混凝土路面结构受力变形满足要求，科学合理。

（2）预应力给路面板提供了充足的压应力储备，在轮载作用下可以不出现拉应力；同时又能将装配在一起的路面板紧紧连接在一起，避免了板体之间的脱离，增强了整体性。

（3）路面板之间的企口接缝在实现竖向剪力载荷传递上是有效的，轮载受压区会通过企口缝实现向临板的应力传递。

（4）装配板体有很强的整体性，在对抗吸力载荷方面具有优势。

目前板体厚度为 100 mm，在轮载作用下未出现拉应力且变形很小，有望进一步减薄板体厚度，向重量更轻、拼装更快迈进。

2.8 一种新型倒刺锚杆创新研究

锚杆一般由放置于孔道的直粗钢筋和后注浆体构成，其承载力主要取决于三方面：锚杆钢筋的受拉能力、注浆体和孔壁的粘结能力、锚杆钢筋和注浆体之间的粘结能力。在锚杆材质和直径确定即确定锚杆受拉能力的情况下，如何提高注浆体和孔壁的粘结能力以及锚杆钢筋和注浆体之间的粘结能力是提高锚杆承载能力的关键，其中注浆体和孔壁粘结能力更为关键。倒刺锚杆正是针对解决这一问题而提出的。

2.8.1 倒刺锚杆结构构造

笔者创新发明了一种新型的倒刺锚杆，由母体锚杆和子体倒刺构成，母体锚杆一般采用 HRB400 或 HRB500 粗钢筋，子体倒刺为四周带有外扩薄片如倒刺的中空结构，可以通过内置螺纹和母体锚杆螺纹连接固定，也可通过焊接和母体螺杆连接。子体倒刺沿母体锚杆成一定间距布设。成孔后锚杆放入时，倒刺结构的外扩薄片在孔壁约束下，呈微收缩状态紧贴孔壁滑动，到达预定位置后，锚杆在向外拉力作用下，由于孔壁表面呈凹凸糙面，倒刺外扩薄片会顶住孔壁，如果孔壁为硬质岩石，外扩薄片和孔壁之间则为硬接触关系，如果孔壁为软质岩石或土质，外扩薄片则会刺入孔壁，扩大作用范围，提高承载力。倒刺结构典型的构造示意图如图 2-8-1、图 2-8-2 所示。倒刺和锚杆组合拼装图如图 2-8-3、图 2-8-4 所示。其尺寸如图 2-8-5 所示。

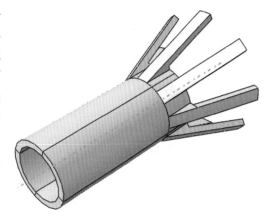

图 2-8-1 圆形倒刺结构

图 2-8-2　方形倒刺结构

图 2-8-3　圆形倒刺与锚杆组合

图 2-8-4　方形倒刺与锚杆组合

2.8.2　倒刺锚杆承载性能研究

2.8.2.1　计算模型

物理力学模型模拟问题涉及大变形、接触高度非线性问题，采用平面应变单元进行分析，模拟倒刺锚杆插入岩孔、拔出岩孔全过程，物理力学模型尺寸如图 2-8-6 所示。

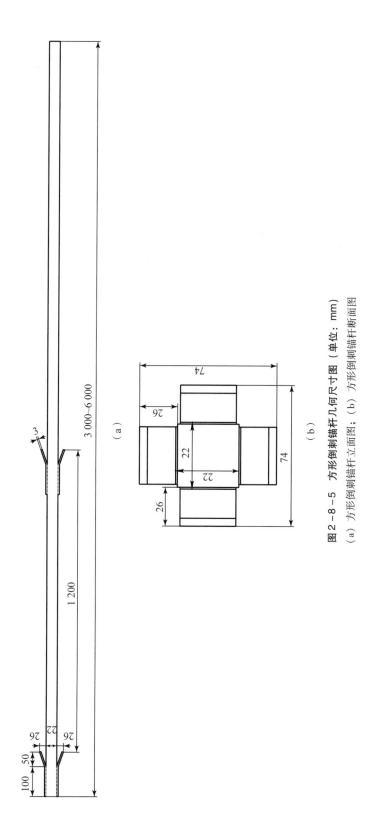

图 2-8-5 方形倒刺锚杆几何尺寸图（单位：mm）
(a) 方形倒刺锚杆立面图；(b) 方形倒刺锚杆断面图

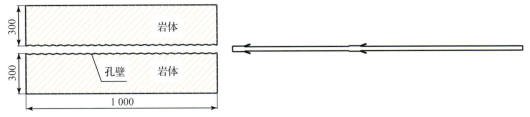

图 2-8-6 方形倒刺锚杆几何尺寸图（单位：mm）

计算模型单元划分如图 2-8-7 所示。模型物理力学参数如表 2-8-1 所示。

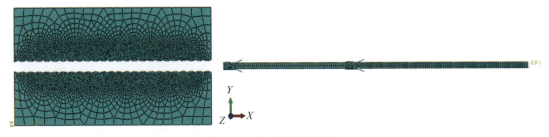

图 2-8-7 模型单元划分

表 2-8-1 模型物理力学指标

模型名称	密度/(g·mm^{-3})	弹性模量/MPa	泊松比
倒刺	7.85	2.0E5	0.3
锚杆	7.85	2.1E5	0.3
孔壁岩体	2.6	3.5E4	0.2

模型尺寸：倒刺外扩薄板、锚孔凹凸转折处为了提高分析精度，防止接触面发生侵彻问题，细分单元，其大小为 1 mm×1 mm 左右，锚杆杆体单元边长大小为 5～10 mm，锚孔孔壁外扩 300 mm 为岩体，由孔壁向外逐渐放大单元尺寸。

材料本构关系：倒刺采用高强钢弹性本构，锚杆采用四级钢弹性本构，孔壁岩体采用微风化花岗岩岩体弹性本构。

相互作用：倒刺外扩薄片钢和孔壁之间为接触关系，切向摩擦系数为 0.6，法向接触为硬接触。孔内注浆体和孔壁之间为绑定约束。

边界条件：孔壁岩体外侧为水平约束和竖向约束，倒刺锚杆轴线水平竖向约束。

荷载：倒刺锚杆根部施加水平向左的强迫位移，即向左插入岩体 1 000 mm，然后向右外拉 200 mm。

2.8.2.2 工况一——不考虑注浆时插入与拔出承载力分析

倒刺锚杆初始位置距离锚孔端部 62.5 mm，向左插入 937.5 mm。不同时刻的锚杆和孔壁位置关系及应力云图如图 2-8-8～图 2-8-10 所示。

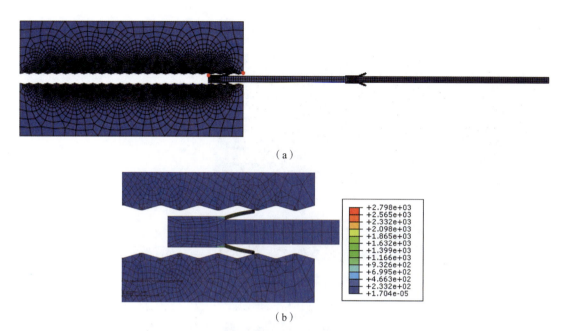

图 2-8-8 插入锚孔 62.5 mm 的位置关系及 Mises 应力云图
(a) 整体全貌；(b) 局部应力云图

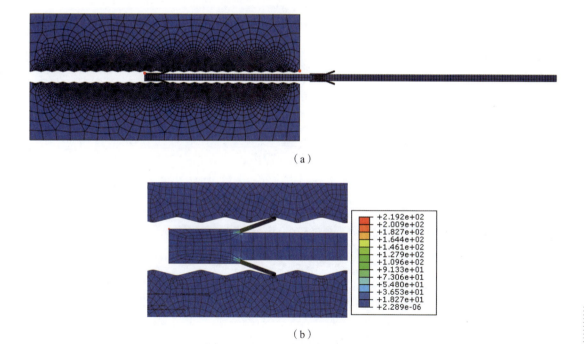

图 2-8-9 插入锚孔 615 mm 的位置关系及 Mises 应力云图
(a) 整体全貌；(b) 局部应力云图

由图 2-8-8～图 2-8-10 可以看出，在倒刺锚杆插入的过程中，倒刺外扩薄钢板始终和孔壁接触，当倒刺外扩薄钢板处于孔壁凸起部位时，Mises 应力最大，可达 279.8 MPa，当倒刺外扩薄钢板处于孔壁凹入部位时，Mises 应力最小，为 21.9 MPa。

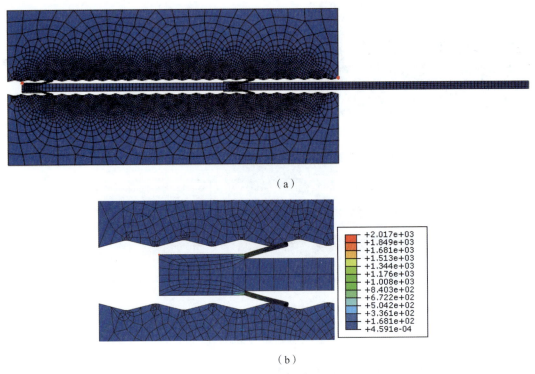

(b)

图2-8-10 插入锚孔937.5 mm的位置关系及Mises应力云图
(a) 整体全貌;(b) 局部应力云图

向外拔出的过程如图2-8-11所示。

由图2-8-11可以看出,由于孔壁假定为理想的硬面,且凹凸处进行了倒角光滑处理,倒刺锚杆在外拉过程中,并未发生"卡住"计算不收敛等问题,带有一定切向摩擦的法向光滑接触导致了外拉过程中倒刺锚杆外扩薄钢板不断收敛、扩张,同时其Mises应力也发生相应的变化,变化区间为61.2~333.1 MPa。

在插入、外拉阶段将锚杆根部合并为一点受力,用来捕获锚杆在插入、外拉过程中的推力和抗拔力大小,其合力曲线如图2-8-12所示。

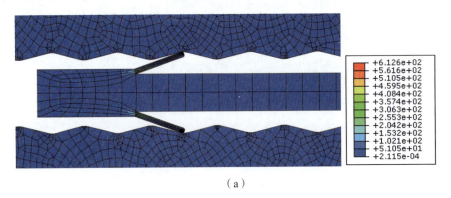

(a)

图2-8-11 锚杆外拉过程中Mises应力云图
(a) 倒刺外扩薄钢板处于孔壁凹处

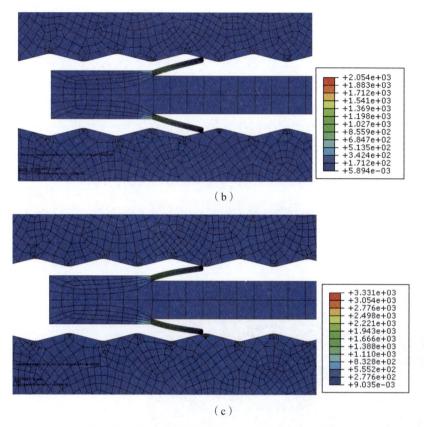

图 2-8-11 锚杆外拉过程中 Mises 应力云图（续）
(b) 倒刺外扩薄钢板处于孔壁凹凸中部；(c) 倒刺外扩薄钢板处于孔壁凸处

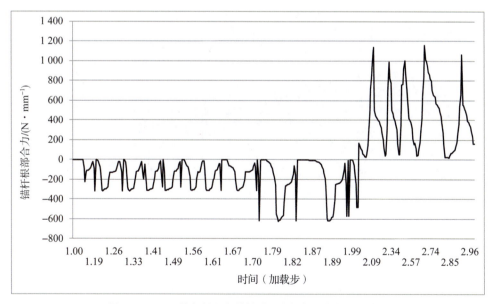

图 2-8-12 锚杆插入和外拉过程中锚杆根部合力曲线图

由图 2-8-12 可以看出，在插入阶段的前 1.75 步前，倒刺锚杆中一个倒刺插入孔壁，当倒刺锚杆外扩薄钢板位于孔壁凸起处时对应锚杆根部推力峰值 320 N/mm，当倒刺锚杆外扩薄钢板位于孔壁凹入处时对应锚杆根部推力低值，呈波峰波谷交替状态；在插入阶段的 1.75 步后 2.00 步前，倒刺锚杆中两个倒刺均插入孔壁，导致锚杆根部推力增大至 620 N/mm，该阶段也呈波峰波谷交替状态；在拔出阶段（对应荷载步 2.00），锚杆根部合力变为正值（抗拔力），其力的幅值为 1 180 N/mm，换算为整个锚杆的抗拔力为 25.96 kN，即 2.6 tf。也由此看出倒刺锚杆在理想孔壁的情况下，其向的抗拔力为推进时抗力的 2 倍左右，易进不易出。

2.8.2.3　工况二——考虑注浆时插入与拔出承载力分析

采用单元生死技术模拟倒刺锚杆插入后的注浆体，如图 2-8-13 所示。外拉受力终态应力云图如图 2-8-14 所示。由图 2-8-14 可以看出，注浆体阻止了倒刺锚杆外扩薄钢板的运动，从而产生很大的 Mises 应力，其最大 Mises 应力为 1 387 MPa。

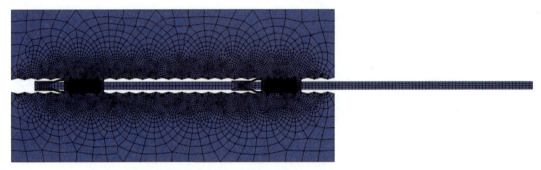

图 2-8-13　注浆段、锚杆和孔壁岩体关系图

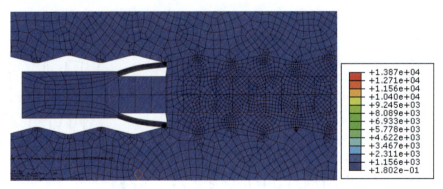

图 2-8-14　锚杆外拉过程中 Mises 应力云图

在插入、外拉阶段将锚杆根部合并为一点受力，用来捕获锚杆在插入、外拉过程中的推力和抗拔力大小，其合力曲线如图 2-8-15 所示。

由图 2-8-15 可以看出，倒刺锚杆在倒刺外扩薄钢板抵住水泥砂浆后，锚杆根部的抗拔力急剧增大至 30 000 N/mm，换算成整个锚杆体抗拔力则为 660 kN，即 66 tf，相较不考虑灌浆的锚杆增大近 25 倍。

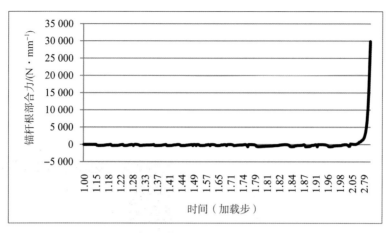

图 2-8-15　锚杆插入和外拉过程中锚杆根部合力曲线图

2.8.3　小结

笔者创新发明了一种新型倒刺锚杆，由母体锚杆和子体倒刺构成，母体锚杆一般采用 HRB400 或 HRB500 粗钢筋，子体倒刺为四周带有外扩薄片如倒刺的中空结构，可以通过内置螺纹和母体锚杆螺纹连接固定，也可通过焊接和母体螺杆连接。子体倒刺沿母体锚杆成一定间距布设。成孔后锚杆放入时，倒刺结构的外扩薄片在孔壁约束下，呈微收缩状态紧贴孔壁滑动，到达预定位置后，锚杆在向外拉力作用下，由于孔壁表面呈凹凸糙面，倒刺外扩薄片会顶住孔壁，如果孔壁为硬质岩石，外扩薄片和孔壁之间则为硬接触关系，如果孔壁为软质岩石或土质，外扩薄片则会刺入孔壁，扩大作用范围，提高承载力。本节基于结构分析软件，研究了倒刺锚杆在硬质岩壁中的力学行为，研究表明：由于倒刺的存在，提高了锚杆的抗拔承载能力，当孔壁为硬质岩石时，外扩薄片和孔壁之间则为硬接触关系，不考虑灌注水泥浆体，倒刺锚杆的抗拔力可达数吨；如果考虑注浆体，倒刺锚杆的抗拔能力会大幅提高，可达几十吨。同时倒刺锚杆制作简便、倒刺结构兼具锚杆对中支架的作用，很有应用发展前景。不足之处在于倒刺锚杆由于倒刺直接和孔壁接触，在作为永久锚杆时，一般只能用于无腐蚀或微腐蚀环境，不宜应用于腐蚀的环境。

2.9　加筋挡土墙应用技术研究

加筋土技术是 20 世纪 60 年代初由法国工程师亨利·维达尔提出并在全球范围内迅猛发展起来的、具有广泛应用前景的土工技术，在土木工程领域得到了大量的推广应用。工程技术人员和科研工作者对加筋土的机理及工程应用技术进行了大量的理论分析和试验研究，取得了丰硕的研究成果，有力地推动了该项技术的发展。现代加筋土技术已经应用在工程建设的各个领域，其技术仍在不断发展之中。

2.9.1 加筋挡土墙机理

土体在自重和外力作用下易产生严重的变形或坍塌。若在土中沿应变方向埋置具有挠性的拉筋材料，则土与拉筋材料产生摩擦，使加筋土犹如具有某种程度的黏聚性，从而改良了土的力学特性。其基本原理存在于拉筋与土之间的相互摩阻连接之中，这些基本原理一般可以归纳为两点：①摩擦加筋原理；②准黏聚力理论。这些理论可参见相关文献，这里不做展开介绍。加筋原理如图2-9-1、图2-9-2所示。

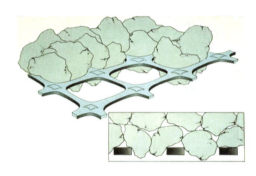 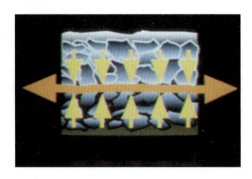

图2-9-1 加筋土体的嵌锁加筋示意　　　　图2-9-2 加筋土体中加筋的受力示意

加筋挡土墙的安全稳定计算主要包括两类问题，即内部稳定问题和外部稳定问题。内部稳定主要用于确定筋带的拉力、筋带的长度以及抗拔稳定性。筋带的拉力计算公式主要有库仑合力法、库仑力矩法、正应力均匀分布法、正应力梅氏分布法、能量法等，我国规范中采用了正应力均匀分布法。

外部稳定计算则是基于内部稳定能够满足的基础上，将加筋土体范围的土体作为刚体，计算刚体的整体稳定、滑移稳定、倾覆稳定、基底应力和沉降计算。

2.9.2 加筋挡土墙设计理念——以某工程为例

2.9.2.1 加筋挡土墙方案的由来

某事务中心工程选址在山地，地势高低起伏，为了满足室外场坪标高的要求，场坪不可避免存在填方区域，由于场坪面积和建筑红线的双重限制，不允许场坪边部采取自然放坡的方案，而必须采取放脚很小的支挡结构来封闭土体。设计人员在方案设计阶段曾提出了四种支挡方案，如图2-9-3所示。

综合考虑造价、施工难易以及结构合理性等因素，加筋挡土墙方案因其主材料为现场的填土，造价低廉，施工简便，同时属于柔性结构对抗震有利，而被作为最终施工图设计方案。

2.9.2.2 加筋挡土墙的结构形式

依据加筋挡土墙的高度不同，设计考虑了两种结构形式，一种是有错台的二阶结构，一种是无错台的一阶结构。错台设置的主要目的是基于对挡土墙超过一定高度后，增强其稳定性的考虑。

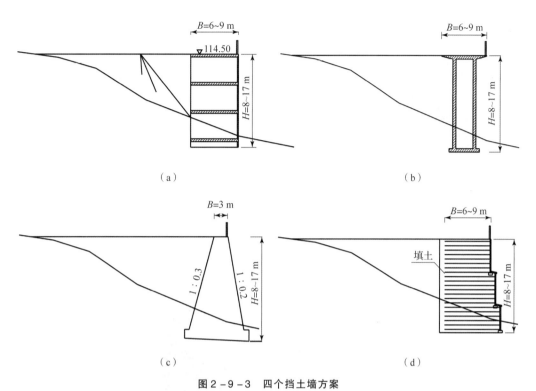

图 2-9-3 四个挡土墙方案
(a) 方案一 – 格构式挡土墙；(b) 方案二 – 箱式挡土墙；
(c) 方案三 – 重力式挡土墙；(d) 方案四 – 加筋挡土墙

两种挡土墙的结构形式如图 2-9-4、图 2-9-5 所示。本设计最大墙高为 14.5 m，相当于 5 层楼的高度。

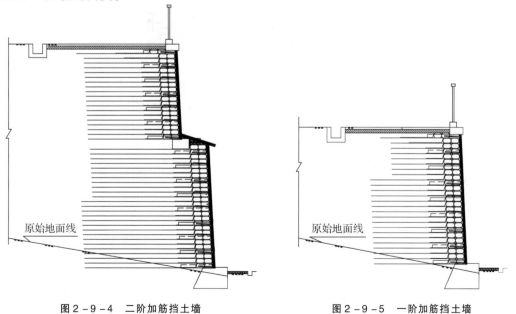

图 2-9-4 二阶加筋挡土墙　　　　图 2-9-5 一阶加筋挡土墙

挡土墙高度超过 8 m 时，采用二阶结构形式，8 m 以下采用一阶形式，二阶挡土墙错台 1.2 m。加筋挡土墙坡度为 1∶0.05，基础采用 C20 混凝土现浇，每隔 5 m 设置伸缩缝一道。根据拉筋内力计算结果，从下至上分别采用标准拉力为 150 kN/m、75 kN/m 以及 50 kN/m 三种类型的加筋带，端部反包砾石编织袋，层层压住，形成自稳定结构。加筋挡土墙外侧为了满足耐久性设计和美观的要求，采用挂网喷射混凝土形成外墙面板，面板的钢筋网通过伸入加筋体的锚杆局部连接。

加筋体作为加筋和土体复合材料，其结构的稳定性受到两方面的影响，一方面是加筋材料性能的优劣，另一方面是土体的内在强度（C、ϕ 值）的优劣。对于土体而言，其 C、ϕ 值的大小和土体含水量大小关系密切，随着含水量的增加，土体内在强度迅速减小。在该项目设计中，特别注意了结构的防、排水设计。防水措施采用在顶部设置 20 cm 厚的 3∶7 灰土来形成雨水隔离层，排水措施则基于一旦顶部失效，雨水从顶部和墙后侧部渗入的可能，而将加筋土体设计为具有内部迅速排除渗水功能的结构体。具体措施为在加筋带之间设置一层具有强水平排水能力的土工布，端部直接和加筋带包裹的砾石袋相连，由于砾石袋孔隙率很大，可以形成端部的排水廊道。具体排水示意如图 2-9-6 所示。

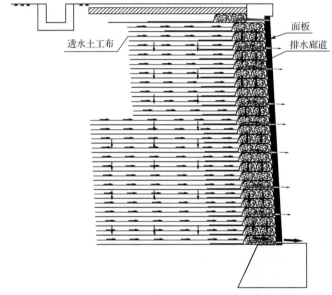

图 2-9-6　加筋挡土墙内部排水示意

2.9.2.3　加筋挡土墙施工

加筋挡土墙施工一般采用以下流程，如图 2-9-7 所示。

1. 基槽开挖

加筋挡土墙工程的基槽开挖前应进行详细测量定位并标出开挖线，基槽应按设计图纸开挖到设计标高，当基础的实际土质同设计有出入时，可以适当调整开挖深度。基槽平面尺寸一般大于基础外缘 30 cm；当岩石为基槽时，基础嵌入中风化基岩深度不小于 0.6 m；纵向高度变化较大时，基槽可以成阶梯状开挖，如图 2-9-8 所示。

第 2 章 特种道路工程技术

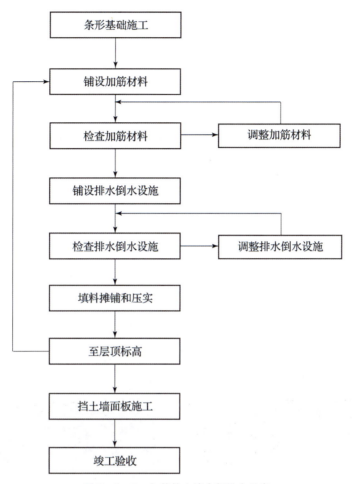

图 2-9-7 加筋挡土墙内部排水示意

2. 现浇混凝土基础

基础一般为现浇混凝土，施工时通常分段开挖，分段处理，分段浇筑。遇到地下水时应做好排水。基础浇筑时每段基础的轴线误差不大于 ±10 mm，基顶高程误差不大于 ±10 mm。图 2-9-9 为混凝土基础的现浇施工。

图 2-9-8 基槽的开挖

图 2-9-9 基础的施工

163

3. 加筋材料的铺设

加筋材料铺设时底面应平整密实，一般应平铺拉直，不重叠，不卷曲、扭结。下层填料也要压实、平整，其横向坡度不应大于5%，从而保证加筋材料的铺设正确。在拉筋末端须设置压板或者其他拉紧装置，使拉筋材料张紧，以保证墙体的稳定。

加筋材料不得与硬质尖锐棱角的填料直接接触。本工程采用的加筋材料及拉筋带与透水土工布为一体，该加筋材料的铺设，增强了加筋土体的排水效果，使之形成立体的排水体系，图2-9-10为加筋材料的铺设。加筋材料铺设后还需要进行质量验收，质检内容包括加筋材料的长度、宽度、均匀程度、平展度等，验收合格方可进行填料的摊铺。

4. 填料的摊铺及碾压

加筋挡土墙工程填料的压实与否是加筋挡土墙工程成败的关键。为保证填料的压实，填料应分层回填和分层碾压，一般为300 mm左右。本工程要求分层碾压的厚度不大于200 mm。为了将加筋材料拉紧，本工程采取了三步堆土的方法：加筋材料后方用马钉固定后，首先在加筋材料的中部下方设置凹槽，如图2-9-11所示，堆土顺序依次是后方、前方、凹槽上部，然后再进行碾压夯实。三步堆土法保证了加筋材料的铺设质量。

图2-9-10 拉筋材料的铺设　　　　图2-9-11 填料的摊铺及碾压

5. 面板的浇筑

一般加筋挡土墙工程，面板均为预制面板，挡土墙由面板预制块安砌而成。而本工程为包裹式加筋挡土墙，面板为钢筋混凝土在加筋材料和填料施工完毕后喷射而成，面板的喷射应待墙体变形及地基沉降稳定后再施工。面板钢筋由包裹加筋体内部预留的锚杆来固定，如图2-9-12所示。为了保证面板的安全稳定，包裹加筋体在设计边坡坡率的基础上再分层预留1.5%的后仰坡。浇筑混凝土面板时，还应注意沉降缝的设置。

图 2-9-12 包裹加筋体设置挂网锚杆

6. 附属设施的施工

加筋挡土墙的附属设施包括帽石施工、排水工程施工等。本工程中排水设施使用的为透水土工布包裹梅花钻孔 PVC 泄水管,沿墙长方向 1 m,墙高方向 1.2 m,呈梅花形布置,如图 2-9-12 中的白色管道。

2.9.3 小结

通过某事务中心项目中加筋挡土墙工程实践,不难发现加筋挡土墙相对于传统的重力式挡土墙,有以下突出的优点。

(1) 技术简单、施工方便。

加筋土结构虽然机理复杂,但是结构简单,技术容易掌握,需要的施工机械较少,不需要专门的施工机具;再加之加筋体逐层回填压实形成柔性结构,墙体形成的加载作用而引起的地基变形对加筋挡土墙结构本身的影响很小,因而需要的地基处理也比较简单,施工十分方便。

(2) 要求较低、节省材料。

加筋挡土墙各组成部分对材料的要求不高,大部分材料为加筋土填料(回填土),材料来源广泛易于获得;对地基承载力的要求相对较低,比较容易满足;基础小、面板薄,所用材料少。与重力式结构及其他结构相比,能较显著地节省材料用量。

(3) 施工速度快、工期短。

加筋挡土墙工程施工作业简单,可组织流水作业,也可进行大面积施工。另外,加筋挡土墙工程施工技术简单,施工工序少,现场比较好管理和指挥,因此加筋挡土墙工程施工速度快,工期都比较短。

(4) 造价低廉、效益明显。

加筋挡土墙的造价与同等条件下的重力式挡土墙或者其他结构相比,造价降低幅度一般在 20%~40%,且随着墙高的增加而更加明显。加筋挡土墙的墙面板可以垂直砌筑,加筋挡土墙边坡一般比较大,因此占地较少。另外,施工时对环境的影响较小,施工快、工期短,综合效益十分显著。

通过以上分析,加筋挡土墙在高填方的支挡结构领域上有其他结构不能比拟的优势。

第 3 章

火箭滑橇高速试验滑轨技术

火箭滑橇是 20 世纪中后期发展起来的一种大型、高精度地面动态模拟试验设备，主要用于解决航空、航天、常规武器装备以及民用高新产品在高速度、大过载运行过程中所遇到的一系列性能指标参数测试的难题。火箭滑橇系统采用火箭发动机作动力，推动载有被试武器的橇车沿专门建造的高精度轨道运动，以模拟武器发射、飞行、着靶等全弹道过程。火箭滑橇试验系统的轨道工程部分由试验滑轨子系统、滑轨承载梁子系统、高精度测量子系统及附属子系统组成；其中试验滑轨子系统由滑轨的钢轨、钢轨扣件、端部锚固设施三部分组成；滑轨承载梁子系统是为滑轨提供稳定平台的基础设施，该子系统主要由钢筋混凝土承载梁和其下的地基组成；

高精度测量子系统是为实现轨道直线性精度要求,精确指挥轨道安装、轨道调整以及定期检测轨道精准度的检测设备,是确保轨道直线性精度的重要检测设备;附属子系统由刹车水槽、水井、水泵,沿途监控录像设备以及辅助工房和生活值班区等附属性设施构成。

火箭滑橇要求具有稳定的滑轨基础、高直线度准直基准线和光滑平顺的钢轨作为基本条件,需要采用钢轨精密机械加工、钢轨焊接、焊缝超声波探伤、轨道张拉锚固锁定、轨道直线度调整高精度测量系统等新工艺技术。

火箭滑橇技术属于动态威力试验设施中的关键技术,我国起步较晚,在诸多关键技术环节有待系统研究。其中橇轨耦合动力响应和火箭滑橇气动力学问题直接影响着试验的安全性、真实性、可靠性,是火箭滑橇轨道建设工程中必须面对的最核心的问题。合理、安全的橇轨动力性能是橇车设计和轨道工程设计最为关注的问题。对橇轨耦合作用规律以及在高速下滑橇气动性能分析的系统研究是火箭滑橇试验系统开发的关键。

苏联、美、英、法、日等国相继于20世纪中后期建造了许多不同类型的高速滑轨试验平台,详见表3-0-1。

表3-0-1 世界主要高速试验滑轨一览表

序号	建造年份	建造单位	滑轨长度/m	备注
1	1945	美国海军军械试验站	610	
2	1950	美国空军司令部滑轨试验场	1 082	Holloman滑轨雏形
3	1953	美陆军基地阿伯尔丁试验靶场	750	
4	1954	美国格林空军基地空军试验靶场	920	
5	1955	亚拉巴马州"红石"兵工厂	180	
6	1955	美国莱特航空发展中心	3 660	空军哈肯超音速研究滑轨
7	1956	美国海军发展中心	230	
8	1957	亚利桑那州塔何工程公司	110	

续表

序号	建造年份	建造单位	滑轨长度/m	备注
9	1959	苏联	2 120	最高 2 倍音速
10	1962	英国查尔格罗试验场	61	亚音速
11	1965	日本岐阜县技术研究试验场	500	亚音速
12	1970	法国国防部	200	亚音速到 3 倍音速
13	1974	法国国防部白尔丁滑轨	6 000	
14	1980	印度 CHANDIGARH 靶场	1 240	
15	1978—1992	Holloman 滑轨	16 000	多次扩建
16	1994	中国襄樊	3 200	最高 3 倍音速
17	2003	中国工程物理研究所	800	亚音速
18	2004	中国公司兵器工业总公司	1 800	2 倍音速

世界上最著名的高速试验轨道——Holloman 滑轨,经两次延长后达到 16 000 m,成为世界上最长和精度最高的轨道。依据试验对象的差异,滑轨长度和橇车滑行速度各不相同,载重量可以由几十千克到几吨,速度可从亚音速到多倍音速。Holloman 试验场于 1994 年开始进行 $6\sim8Ma$ 的高速度滑橇试验研究,首次采用了在高速滑轨周围建立一个氦气壳和磁悬浮轨道等技术方案。Holloman 高速试验轨于 2002 年(HHSTT 轨)试验时,创纪录地达到了 $8.5Ma$。

第3章 火箭滑橇高速试验滑轨技术

3.1 高速试验滑轨工程设计

高速试验滑轨的核心技术是十万分之一的直线性相对精度。围绕这一核心技术的技术难点有以下三个：①特殊的滑轨承载梁体系，高精度、高稳定性的滑轨对下部结构的稳定性、刚度提出了较高的要求；②试验轨道扣件的无级可调机制，为保证轨道十万分之一的精度，轨道扣件在满足运行荷载所需要的强度和刚度条件下必须做到无级可调，而该机制在我国铁路上没有先例，需要特殊研究；③试验轨道精准测量系统的研究，由于轨道精度为十万分之一，远远超出了传统的水准仪和经纬仪的精度范围，必须采取更为先进的施测系统，同时该施测系统能在日后的维护过程中具有精度可靠，施测便捷的特点。

总体而言，高速试验滑轨系统由以下四大子系统组成。

1. 试验滑轨子系统

该系统由滑轨本身、滑轨的固定件（扣件）、滑轨温度力胀缩锚固机制三部分组成。

2. 滑轨承载梁子系统

承载梁子系统的主要作用是为滑轨提供稳定的支撑，确保滑轨的精度。该子系统主要由钢筋混凝土建筑物和其下的地基组成，其结构形式有两种，一种是整体式道床结构，另一种是桥跨结构。

3. 高精度测量子系统

为了使轨道达到十万分之一的高精度，必须采取先进、高精度的施测系统。

4. 附属子系统

该子系统由刹车水槽、水井、水泵，沿途监控录像设备以及辅助工房和生活值班区等附属性设施构成。

下面将滑轨设计中最为关键的前三个子系统加以论述，附属子系统因其技术的成熟化程度较高，不赘述。

3.1.1 试验滑轨子系统

3.1.1.1 钢轨选型

轨道选型应主要考虑以下三个方面的问题：

（1）首先重点考虑的因素是和滑轨直接作用的试验产品滑靴的受力性能。试验产品的滑靴直接抱裹在滑轨的轨头，和轨头之间为光滑接触关系，这样较大的轨头截面对提高滑靴的抱裹效果，改善滑靴的受力性能是有利的。

（2）轨道温度力的影响。由于高速滑轨是无缝线路，轨温变化对轨道产生的温度力对轨道自身和其下的锚固体系均有较强的作用。

（3）轨道承载能力问题，主要指轨道承受试验产品的动、静荷载的能力，主要指标为轨道的抗弯、抗扭刚度，截面刚度越大，对承载越有力。

相对于标准60轨、75轨，Qu100轨，无论在轨头尺寸还是截面刚度上均有优势，同时又是我国在产的标准轨，是滑轨首选钢轨。

3.1.1.2 滑轨温度受力机制

高速滑轨由于全长无缝，轨温变化产生的温度力是必须关注的问题。一般无缝铁路上的伸缩区和固定区的受力机制在高速滑轨上不能采用，因为伸缩区的伸缩变形会导致轨道精度的改变。而只能采取轨道全长范围内均为固定区，没有伸缩区的受力模式。这种机制的好处是长轨端部的锚固区承担了全部的温度胀缩荷载，轨道没有伸缩变化，从而避免了爬移，使轨道精度得到了较好的控制。两种受力模式如图3-1-1、图3-1-2所示。

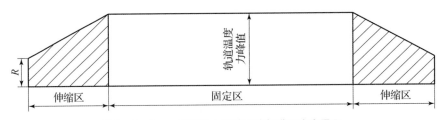

图3-1-1 一般铁路上无缝线路轨道温度力图示

轨道端部的锚固设备是滑轨设计的关键环节之一，有两种模式：单项受力机制和双向受力机制。所谓单项受力机制，是指轨道在四季的温变过程中，始终处于受拉的状态，这种机制的产生是轨道在高温被锁定（或施加和高温匹配的预应力），这样轨道在任何时间相对于锁定轨温均为低温，从而使锚固设备在任何时间均承受拉力；所谓双向受力机

图 3-1-2　高速滑轨轨道温度力图示

制，是指轨道在中间轨温（或稍偏上）附近锁定，下降温差和升高温差相等或相差不大，这样轨道在相对于锁定温度升温时受拉，在相对于锁定温度降温时受压，拉压应力的峰值相对于单向受力机制的轨道减少一半左右，有效降低了轨道断轨的风险，同时降低了端部锚固设备的受力，这对于我国年温差较大的地区更有现实意义。值得说明的是双向受力机制中由于较密扣件的设置使得轨道受压时扣件之间轨道线形的变化必须在允许的范围之内。双向受力机制端部锚固设备示意图如图 3-1-3 所示。

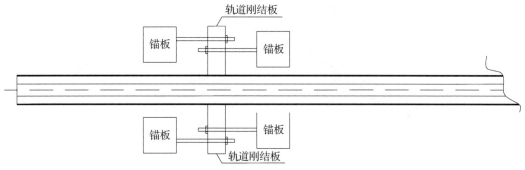

图 3-1-3　双向锚固设备示意图

3.1.1.3　滑轨不平顺度对动力荷载效应的敏感性分析

滑轨轨道的十万分之一的精度要求是必要的，试验车辆在滑轨上高速飞驰，滑轨微小的不平顺都会对试验车辆和钢轨产生较为强烈的冲击响应。本节将通过一个计算示例来说明一下轨道的不平顺性。

计算模型设计理念：试验车辆通过抱轨器和轨道之间光滑接触，试验车辆在轨道上飞驰等同于试验车辆不动，轨道相对于车辆运动。为了降低计算时间，选用单轨作为分析对象，建立 2.25 m 轨节，对应 3 跨，每跨 0.75 m，车载质量取为 173 kg，轨道为 Qu100 轨模型。为了充分考虑车辆和轨道之间的冲击惯性影响，只将车载的顶部中线进行三维（X、Y、Z）线位移约束，而将转动约束释放，这样，车辆的惯性刚度会和轨道发生相互作用。轨道的约束为扣件约束。二者之间的相对速度取为设计速度的末端速度 600 m/s，3 m 轨节通过车辆时间历时 0.004 s。

采用结构分析软件，单元采用实体单元，轨道划分为 11 760 个单元，车辆划分为 2 754 个单元。

轨道中部偏差分别取为 0 mm、0.2 mm 和 0.4 mm，分别进行计算。

计算模型如图 3-1-4 所示。

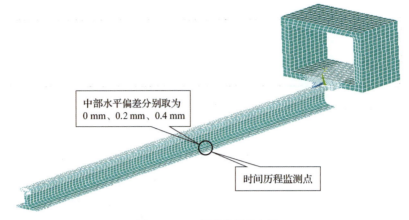

图 3-1-4 计算模型示意图

由图 3-1-5、图 3-1-6 可知，0.2 mm 偏差的轨道最大应力响应为 20.2 MPa，0.4 mm 偏差的轨道最大应力响应为 57.2 MPa，其关系用曲线表示，如图 3-1-7 所示。

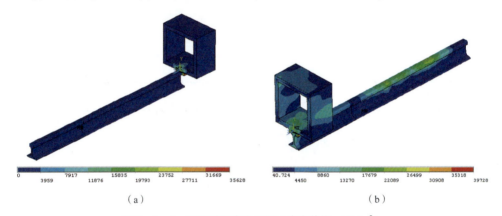

图 3-1-5 不同时刻应力云图（应力单位：kN/m²）

(a) $t = 0.001$ s 的 Mises 应力云图；(b) $t = 0.004$ s 的 Mises 应力云图

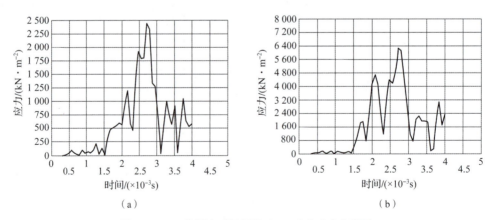

图 3-1-6 监测点时间历程 Mises 应力响应曲线图

(a) 轨道偏差 0.2 mm；(b) 轨道偏差 0.4 mm

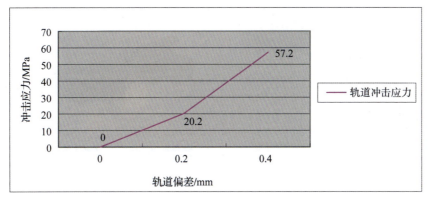

图 3-1-7 轨道偏差和冲击应力关系曲线图

由此可见，轨道微小偏差将会引起滑轨较大的应力响应，它们之间的关系是非常敏感的，所以提高滑轨的平顺度有着现实和必要的意义。

3.1.1.4 扣件的设计与受力分析

为了满足轨道高精度的要求，轨道扣件应设计成双向（水平、竖向）无级可调扣件。同时扣件尚应满足一定的刚度和强度要求。我国铁路中的弹条扣件由于调整范围有限，同时又不是无级可调的，所以不能采用。

双向可调扣件和轨道的关系如图 3-1-8 所示。整个模型建立 368 000 个单元，单元采用块体单元。

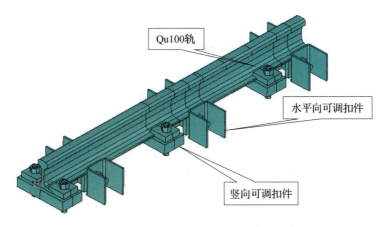

图 3-1-8 轨道与扣件模型图

从图 3-1-9 和图 3-1-10 云图中可知，在极端力作用下，扣件和轨道均达到了材料允许强度的边缘，说明二者有较好的强度匹配性。

3.1.2 滑轨承载梁子系统

轨道十万分之一的高平顺性要求对下部承载梁子系统也提出了较高的要求。下部结构如果有过大的变形，则直接影响轨道的平顺性。下部结构的选型直接和场地的地基情况相关。

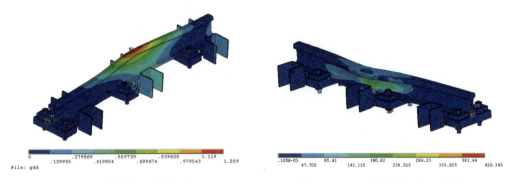

图 3-1-9　轨道与扣件在极端力
作用下位移云图

图 3-1-10　轨道与扣件在极端力
作用下应力云图

总体而言，轨下承载梁主要有两种方案，一种是桥跨桩基方案，另一种是整体式道床天然基础方案。其中天然地基状况良好的应首选整体式道床方案。否则，可考虑桥跨桩基方案。

两种方案的示意如图 3-1-11、图 3-1-12 所示。桥跨桩基方案的纵向布置图如图 3-1-13 所示。

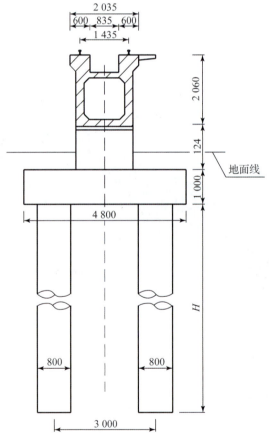

图 3-1-11　4×15 m 连续刚架承载梁横断面示意图（单位：mm）

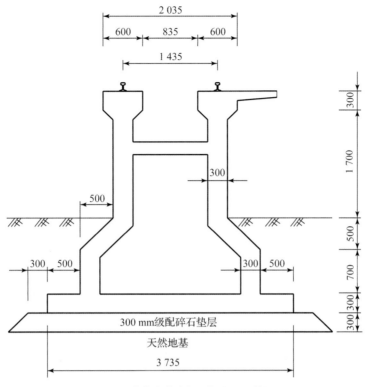

图 3-1-12　整体式道床断面标准图（单位：mm）

3.1.3　高精度测量子系统

高精度测量子系统是确保轨道高精度顺直度的前提。目前能够用于滑轨实践的方案主要有两种，一种是激光波带板方案，另一种是激光跟踪仪方案。激光跟踪仪技术主要因其具有方便、可靠、节省投资、维护费用小的优势而成为首选方案。

下面，主要介绍一下激光跟踪仪技术的施测原理。

3.1.3.1　激光跟踪仪原理

激光跟踪仪是大尺寸空间坐标测量系统，其空间坐标的原始测量值为极坐标形式。位置的敏感单元由三部分组成，即两个测角单元和一个测距单元，如图 3-1-14 所示，测距单元是一个单光束激光干涉仪，测角单元是两个角度编码器。

激光束由光源出发，经过带有两个角度编码器的旋转镜，投向反射器，经反射器反射回来的光一部分与参考光相干涉测出反射镜的相对位移；另一部分反射则投向光电位置感应器，将差动信号输出至伺服电动机，电动机控制旋转镜的转角，使激光束始终指向反射镜中心，如图 3-1-15 所示。

两个角度编码器则分别指示出旋转镜的旋转角度。激光干涉仪测距是利用光学干涉原理，通过干涉条纹的变化来测量距离的变化量。通过一个测距和两个测角形成的极坐标来计算球靶相对于跟踪仪坐标系（大地坐标）的位置坐标。

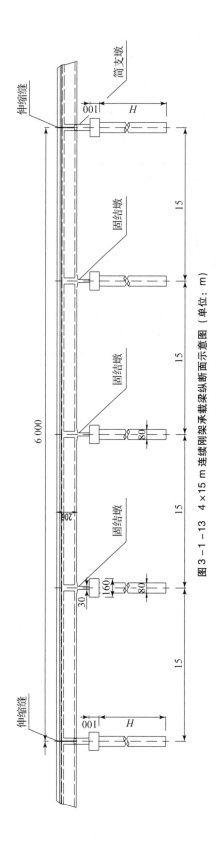

图 3-1-13 4×15 m 连续刚架承载梁纵断面示意图（单位：m）

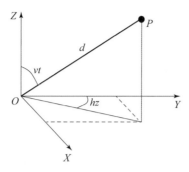

图 3-1-14　极坐标点位测量

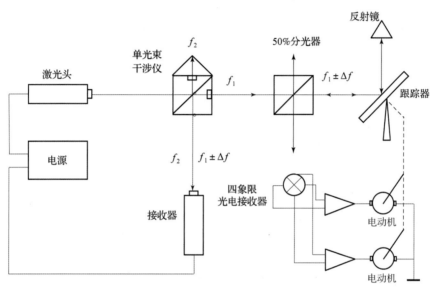

图 3-1-15　激光跟踪仪原理图

3.1.3.2　施测方案

首先建立导轨的坐标系 $OXYZ$。

建立导轨的坐标系，可以为今后的维护测量提供参考依据，大大地提高了测量效率。

（1）在铁轨两侧每 30 m 布置一个定位测量点，共布置 50 个定位点，定位点柱桩可以用混凝土浇筑，并且有可拆卸的保护外壳，定位点分布如图 3-1-16 所示。

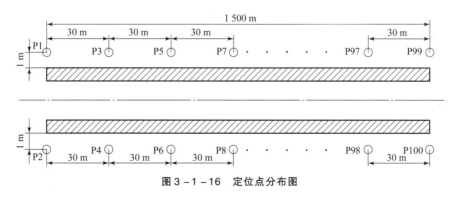

图 3-1-16　定位点分布图

（2）测量定位点，确定每个定位点的坐标。跟踪仪的摆放位置如图3-1-17所示。

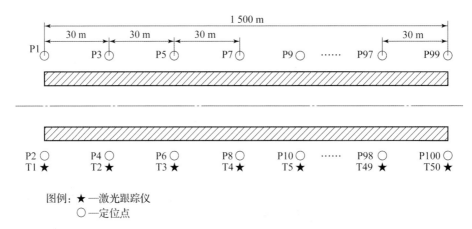

图3-1-17 跟踪仪摆放位置图

①将跟踪仪放置在T1点，分别测量P1、P2、P3、P4四个定位点，然后将跟踪仪移到T2点，同样分别测量P1、P2、P3、P4四个定位点，然后进行转站坐标系拟合，使T2站坐标系拟合到T1站坐标系。

②在T2站分别测量P3、P4、P5、P6，然后将跟踪仪移到T3站，分别测量P3、P4、P5、P6四个定位点，而后进行转站坐标系拟合，使T3站坐标系拟合到T1站坐标系。

③在T3站分别测量P1、P2、P9、P10四个定位点。

④重复第一步和第二步的操作，直到转站至T5。然后对T1、T2、T3、T4、T5站的坐标系拟合误差进行闭环优化，去除转站累积误差。

⑤在T5站分别测量P9、P10、P11、P12，然后将跟踪仪移到T6站，重复以上过程①~④，每30 m转站一次，每60 m做一个闭合环优化，依次测量至T50站。

⑥用GPS测量仪分别测量P1、P2、P99、P100四个定位点，然后统一对T1至T50站的坐标系拟合误差进行闭环优化，再次去除转站累积误差。

其次建立铁轨参考坐标系$OXYZ$：

（1）将跟踪仪放置在T1站附近，通过对P1、P2、P3、P4四个定位点的测量使之坐标系拟合到T1站，将工装分别放置在两根铁轨的初始端，然后将靶球放置到工装的定位孔上。工装如图3-1-18所示。

①分别测量两根铁轨初始端靶球中心点的坐标。将利用激光跟踪仪的电子水平仪系统将跟踪仪回转平面进行水平调平，建立大地水平面，以一根铁轨为基准，调整另外一根铁轨初始端的高度，直到两根铁轨初始端连线平行于大地水平面。

②然后将跟踪仪放置在T50站附近，重复上一步进行坐标系拟合，分别测量两根铁轨末端靶球中心的坐标。分别调整末端铁轨高度，使两根铁轨始末端连

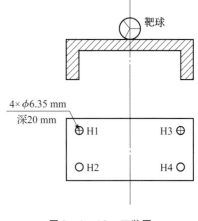

图3-1-18 工装图

线平行于大地水平面,然后以其中一根铁轨首尾两点的连线为基准调整另外一根铁轨,直到两根铁轨首尾两点连线平行且距离满足设计要求。

③ 再将跟踪仪放置在 T1 站附近,通过对 P1、P2、P3、P4 四个定位点的测量使之坐标系拟合到 T1 站,分别以两根铁轨初始端靶球中心点为坐标系原点,铁轨始末端靶球中心点连线为 X 轴,大地水平面为 XY 平面,建立 $OXYZ$ 坐标系,此坐标系将作为今后测量工作的基准坐标系。

④ 将跟踪仪放置在任意两定位点之间并将其坐标系拟合到 $OXYZ$ 坐标系,将工装分别放置在两根铁轨的初始端,然后将靶球放置到工装的定位孔上,沿着铁轨运动 2 m,跟踪仪实时显示靶球中心坐标,其 Y 值即为水平方向偏移量,Z 值即为垂直于水平面方向的偏移量,将靶球分别放置在工装的 H1、H2、H3、H4 孔上测量采点,由此 4 个点得到的轨道平面和大地水平面的夹角即滚摆角,以此调整铁轨偏移方向和滚摆角,直至合适,然后将铁轨固定。软件调整界面如图 3-1-19 所示。

图 3-1-19　激光跟踪仪实时跟踪显示终端

(2) 再将跟踪仪放置在 T2 站附近,通过对 P1、P2、P3、P4 四个定位点的测量使之坐标系拟合到 T1 站,同上测量 30 m 铁轨偏移方向并调整固定,依次向下测量调整,直至两条铁轨调整完毕。

在今后的例行测量检查时,可以将仪器架至任何两个定位点之间,只要将其坐标系拟合到 $OXYZ$ 坐标系,就可以很高效地对铁轨的直线度及滚摆角进行测量校正。

3.1.4　小结

高速试验滑轨的核心技术是十万分之一的直线性相对精度。通过探讨轨道平顺性和冲击响应的关系证明了高速滑轨高精度要求的必然性。围绕这一核心技术指标,较为系统地介绍了滑轨设计中的一系列关键技术,提出的双向锚固机制、无级可调扣件、承载梁整体式道床方案以及激光跟踪仪技术均为该领域的技术创新。

3.2 滑橇高速运动动态效应与滑轨平顺度的关系研究

滑橇是一种大型地面动态威力模拟试验设备。为使试验荷载在试验过程中达到试验指标要求,就需要建立稳定的、高直线度的、光滑平顺的滑轨。高速滑轨的核心技术是建立严格保证轨道平整度、顺直度等精度指标要求的精度保证体系。

滑橇的运行速度最高可达到 $5 \sim 6Ma$。在橇车运行过程中,滑靴和轨道相互作用,产生冲击力,导致橇轨过大冲击力的因素有多种,其中轨道的不平顺性是关键因素之一。

目前,滑橇和滑轨设计都直接采用 Holloman 滑轨设计手册的安全因子法,该方法是基于大量的滑橇运行时的实测荷载效应数据,进行归纳统计分析,然后乘以安全系数,作为橇轨的受力荷载进行设计计算,该方法是一种经验的设计方法,其理论基础较为薄弱,只适用于常规外形、质量的橇车设计,对于异形非常规的橇车设计则不能直接采用。基于弹性接触理论的 DADS 法是后来发展的一种动态计算方法,该方法将橇车离散为梁单元,将钢轨视为刚性,考虑初始间隙和轨道的不平顺性,该方法可以实现橇轨耦合动力计算,但该方法未能考虑轨道刚度以及空气气动影响。随着有限元技术的发展,数值仿真已能较为理想地实现橇轨的冲击响应分析,为实际的橇轨设计提供定量的设计依据。

3.2.1 动力学问题的基本控制方程

对于一动力系统,在响应过程必须遵守质量守恒、动量守恒和能量守恒,并满足初边值条件。一般采用 Lagragian 描述增量法时,质量守恒、动量守恒和能量守恒方程分别为:

$$v\rho = v\rho_0 \qquad (3-2-1)$$

$$\sigma_{ij,j} + \rho f_i = \rho \ddot{s}_i \qquad (3-2-2)$$

$$\dot{E} = VS_{ij}\dot{\varepsilon}_{ij} - (p+\mu)\dot{V} \qquad (3-2-3)$$

式中 ρ——当前质量密度;

ρ_0——初始质量密度;

v——相对体积;

i,j——张量的下标;

$\sigma_{ij,j}$——柯西应力张量;

f_i——单位质量的体积力;

$\ddot{s}_i$——加速度;

E 和 V——能量和现时构形的体积;

$\dot{\varepsilon}_{ij}$——应变率张量;

μ——体积黏性系数。

应力偏量 $\dot{S}_{ij} = \sigma_{ij} + (p+\mu)\delta_{ij}$,其中压力 $p = -\frac{1}{3}\sigma_{ii} - \mu$,$\sigma_{ii}$ 为 Kronecker 应力张量。

问题的 Galerkin 法弱式平衡方程为:

$$\int_V (\rho \ddot{s} - \sigma_{ij,j} - \rho f_i)\delta s_i \mathrm{d}V + \int_{s_0}(\overset{+}{\sigma}_{ij} - \bar{\sigma}_{ij})n_j s_i \mathrm{d}S + \int_{s_i}(\sigma_{ij}n_j - T_i)\delta s_i \mathrm{d}S = 0 \quad (3-2-4)$$

式中,n、T 分别为边界的法向余弦和边界上体力;$\delta s_i (i=1,2,3)$ 在边界 S_1 上应满足位移边界条件。

3.2.2 橇轨有限元模型

轨道的平顺度对橇轨动力效应产生的量值影响通过数值仿真模型的计算分析来评估。仿真模型设计理念如下:橇车(这里指火箭橇车、试验荷载与火箭发动机的联合体)通过滑靴和轨道之间摩擦接触,橇车在轨道上高速运动。为了减少计算量,橇车车体等做了简化,在质量上等效,和轮轨直接接触的滑靴部分保持了真实结构尺寸和外形。有限元模型通过橇轨动态接触将橇车和轨道系统耦合在一起,真实反映橇轨系统的相互作用和相互影响。

轨道通过双向可调扣件和下部混凝土承载梁相连,双向可调扣件是为满足高速试验滑轨高精度准直调整而设计的专用扣件,包括水平调节装置和竖向调节装置两部分,可实现竖向和水平两个方向的精确调节,如图 3-2-1 所示。

选用单轨作为分析对象,建立 15 m 长轨道,对应 16 组扣件,每组扣件间距 1 m,橇车质量取为 300 kg,轨道选用 Qu100A 型钢轨。扣件采用相应位置处的横向和竖向两个方向的弹簧单元模拟,弹簧一端和轨道底部节点相连,另一端模拟扣件和承载梁顶的固结,三个方向自由度全部约束。弹簧刚度的提取采用有限元模型计算,为竖向和水平方向发生单位位移时所对应的力。轨道端部纵向约束。橇轨模型如图 3-2-2 所示。

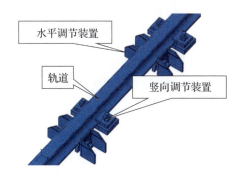

图 3-2-1 扣件-轨道模型

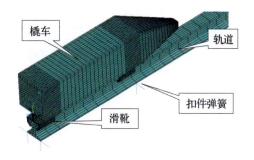

图 3-2-2 橇轨模型

轨道、橇车采用实体单元,扣件采用弹簧单元,总划分单元 14 950 个,其中橇车划分单元 9 936 个,轨道划分单元 4 950 个,扣件弹簧单元 64 个。表 3-2-1 给出各个部件的节点和单元个数、类型及材料性能。

表3-2-1　橇车和轨道的有限元参数

部件名称	单元个数	单元属性	材料模型
橇车	9 936	实体单元	弹性材料
轨道	4 950	实体单元	弹性材料
扣件	64	离散单元	线性弹簧

在数值模拟中，橇车、钢轨取弹性材料模型，其中 $\rho_1 = 7.8 \times 10^3$ kg/m³，$E_1 = 210$ GPa，$V_1 = 0.3$（泊松比）；扣件采用线性弹簧模型模拟，其竖向和水平向的线刚度经计算分别取为 1.26×10^5 kN/m 和 9.6×10^4 kN/m。

轨道的平顺度调整是通过间距 1 m 的双向可调扣件来实现的。轨道和滑靴可能接触的五个面均采用了精加工处理。双向可调扣件相对于理论准直线的调整误差便成为轨道不平顺度的主要来源。目前高速试验滑轨不平顺度的实测资料缺乏，可借鉴的是杨兴邦所著文献中提到的 121.92 m（400 英尺）长的实测数据，测量点位于轨道顶部中心点，间隔 0.304 8 m（10 英寸）测一点，共计 486 组数据，由于该轨轨头五个面未进行精加工处理，最大不平顺达到 1.524 mm。这类不平顺具有一定的周期性，周期锯齿形不平顺一定程度上反映了高速滑轨不平顺的宏观特性。本节依据前述文献中的实测结果，在此基础上，进行了理想化处理，处理过程中，ΔL 采用了均值，波长采用均值。轨道每组扣件（间距 1 m）位置中心相对理论中线水平偏差依次取 ΔL、$-\Delta L$、ΔL、$-\Delta L$、…，呈水平向锯齿形不平顺。为了研究轨道不平顺程度对橇轨动力响应的影响，ΔL 分别取值 0.2 mm、0.5 mm、0.8 mm。轨道三种锯齿形不平顺曲线如图 3-2-3 所示。

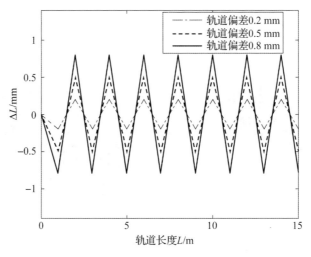

图 3-2-3　三条轨道水平向不平顺曲线

滑靴和轨道存有初始间隙，初始间隙一般在 1 mm 左右，橇车沿轨道纵向的初始速度为 100 m/s，横向不施加任何初始条件，橇车在行进过程中和不平顺的轨道产生相互作用。橇车以 100 m/s 的速度通过 15 m 长轨节所需的时间为 0.15 s，这样计算终止时间设定为 0.16 s。计算结果输出时间间隔取为 0.002 s，全过程共输出 80 步。由于最后 0.02 s

前滑靴已脱开轨道,实际有意义的运行时间为 0.14 s。本处时间积分步长在 2.49×10^{-7}~2.65×10^{-7} s。

各部件之间的相互运动和作用通过定义接触对实现,主要为滑靴内面和轨道的轨头五个面(顶面、两个侧面和两个鄂面)的冲击接触。为了保证各接触部件之间不发生非物理性穿透,采用基于对称罚函数法的自动面对面接触类型,罚函数值大小受到稳定性限制。计算中如发现明显穿透,可放大罚函数值或缩小时间步长来调节。

3.2.3 计算结果与分析

3.2.3.1 橇车在轨道上的运动姿态

为了获取橇车在轨道上的运行姿态,建立橇车结构的位移时程监测点。监测点选择着眼于把握结构整体的运动状态,应具有代表性和完整性,本处通过比选,选择纵向轴心前后上下四个监测点和后部边侧上下两个监测点,组成控制整个车体运动的监测点,其位置示意如图 3-2-4 所示。

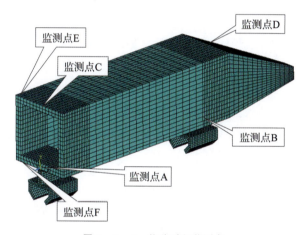

图 3-2-4 位移时程监测点

选取橇车车体对称中线上前、后、上、下四点以表征橇车整体的运行姿态。以轨道偏差 0.008 m 为例,对应的监测点位移 - 时间历程曲线如图 3-2-5 所示,图 3-2-5 中 u 代表监测点位移,t 代表时间历程。

图 3-2-5 (a) 对应的 A、B 两个监测点位于橇车车体和滑靴相连接处,一前一后。从图中可以看出监测点 A、B 相对于理论中线呈周期性振荡变化,反映了滑靴和轨道侧向之间的冲击接触碰撞作用关系,某一时刻,滑靴和轨道侧向接触后,获得横向的反向运动,伴随纵向滑行,在下一时刻,又和轨道发生侧向碰撞接触,再次反向,呈周期性变化。监测点 A、B 运动位移呈反向,说明橇车在运行过程中会产生"偏航、水平摆动"现象。

图 3-2-5 (b) 主要反映了橇车竖向运行姿态,可以看出,监测点 A (位于橇车后部位置)的位移基本上处于监测点 B (位于应橇车前部位置)的上方,呈一定周期性变化。这是因为橇车惯性质量中心位于轨道上方,在运行过程中,产生于滑靴位置的惯性

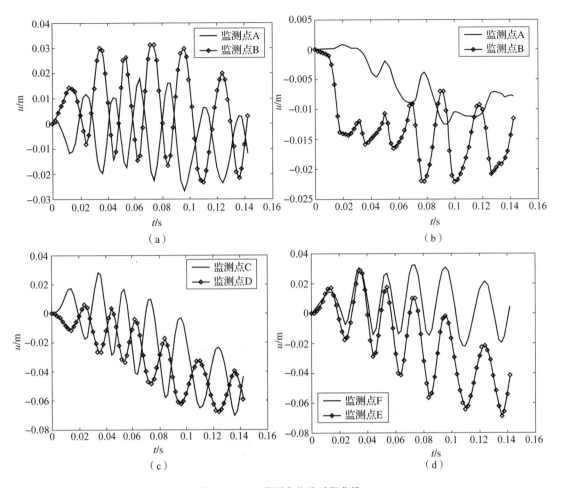

图 3-2-5 监测点位移时程曲线

(a) 监测点 X 方向（横向）位移时程曲线；(b) 监测点 Y 方向（竖向）位移时程曲线；
(c) 监测点（C、D）X 方向（横向）位移时程曲线；(d) 监测点（E、F）X 方向（横向）位移时程曲线

冲击力（或称之为运行阻力）对橇车质量中心产生转动力矩，这一转动力矩会导致滑靴和轨道之间产生竖向支反力来平衡。车体前部滑靴产生的竖向支反力必然大于后部滑靴产生的竖向支反力，在这一对竖向支反力作用下，橇车前滑靴整体上的竖向变位必然大于后滑靴竖向变位。同时从图 3-2-5 (b) 曲线中可以看到，监测点的竖向变位呈周期性上下摆动，有时监测点 A、B 同相位，有时异相位。说明橇车的运动存在两种情况：一种情况是"升降"运动，对应同相位情况；一种是"俯仰"运动，对应异相位情况。

图 3-2-5 (c) 所示为监测点 C、D 的横向位移时程曲线，监测点 C、D 异相位，和监测点 A、B 运动位移相似，说明橇车在运行过程中会产生"偏航摆动"现象。所不同的是曲线的整体走向有随时间历程沿 X 轴负方向逐渐增大的趋势。

图 3-2-5 (d) 所示为监测点 E、F 横向位移时程曲线，监测点 E、F 为橇车同侧侧壁上下两点。二者同相位，说明了橇车体产生"滚转"运动。

基于上述分析，不难发现，橇车在轨道上的运动主要由四种基本运动组成，即围绕

橇车惯性中心的升降、俯仰、偏航摆动、滚转运动。

3.2.3.2 橇轨冲击加速度分析

建立冲击加速度监测点，重点考察两方面的内容：一方面考察橇车加速度时程和轨道偏差的关系，另一方面考察轨道加速度时程和轨道偏差的关系。橇车加速度时程监测点选取滑靴对称中线根部，轨道加速度时程监测点选在第三组扣件中心位置对应的轨道中线顶部，距离起点 2 m 位置处。加速度时程监测点示意如图 3-2-6 所示。

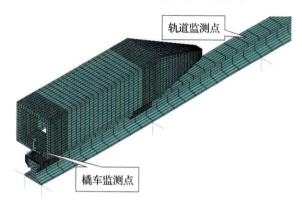

图 3-2-6 加速度时程监测点

图 3-2-7 中 a 代表监测点加速度，t 代表时间历程。从图中可以看出，轨道偏差 0.2 mm 时橇车监测点加速度时程曲线周期性振荡幅度最小，其平均加速度为 746 m/s^2，轨道偏差 0.5 mm 对应的监测点加速度时程曲线振荡幅度则增大很多，其平均加速度为 4 779 m/s^2，轨道偏差 0.8 mm 对应的监测点加速度时程曲线振荡幅度又进一步增大，其平均加速度为 8 311 m/s^2。建立轨道偏差和橇车监测点平均加速度关系曲线，如图 3-2-8 所示，从图中可以看出，随着轨道偏差的增大，橇车平均冲击加速度近似

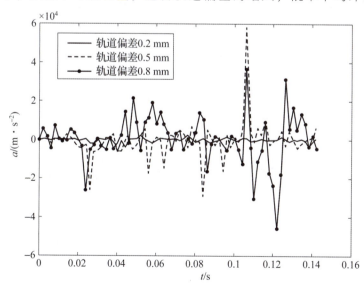

图 3-2-7 橇车监测点加速度时程曲线

呈线性增长。

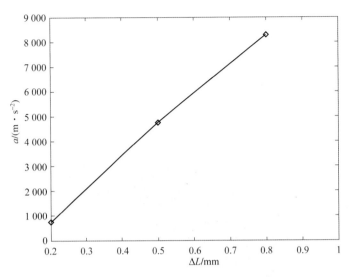

图 3-2-8 轨道偏差和橇车监测点平均加速度关系曲线

基于以上分析，控制轨道的不平顺性，具有现实意义。过于粗糙的轨道会导致橇车和轨道过大的冲击加速度，而过大的冲击加速度会直接导致两个失败的结果：一个是结构受到的冲击力超出结构强度极限，橇车或轨道毁坏失效；二是橇车在过大的冲击"阻力"作用下，达不到预期的速度，试验失败。从以上分析来看，轨道偏差 0.2 mm 对应的冲击加速度为 746 m/s²，相当于 76 g，尚处于一般被试品允许的加速度范围内，而轨道偏差 0.5 mm 对应的冲击加速度为 4 779 m/s²，相当于 488 g，明显过大了，超出了一般意义上的允许范围。从而可以得出，轨道相邻扣点的不平顺偏差应控制在 0.2 mm 以内。

轨道时程加速度监测点选在距离起点 2 m 处，距离起点较近，从图 3-2-9 可以看出，三条曲线的冲击加速度的峰值均出现在时程曲线的前半程，随着橇车驶过监测点距

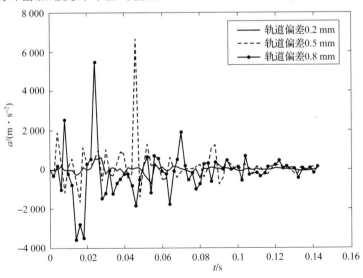

图 3-2-9 轨道加速度监测点时程曲线

离的增加，轨道监测点冲击加速度逐渐衰减。随着轨道偏差的增加，监测点轨道峰值加速度增大明显。

3.2.3.3 橇轨冲击应力分析

监测点设置同图 3-2-6 所示。图 3-2-10 中 σ_M 代表监测点 Mises 应力，t 代表时间历程。

由图 3-2-10 可以看出，橇车监测点处的冲击应力随着轨道偏差的加大增大明显。轨道偏差 0.2 mm 对应的峰值应力整体上被轨道偏差 0.5 mm 对应的峰值应力包络，轨道偏差 0.5 mm 对应的峰值应力又被轨道偏差 0.8 mm 对应的峰值应力包络。轨道偏差由 0.2 mm 增至 0.5 mm，监测点平均峰值应力增至 7.5 倍。

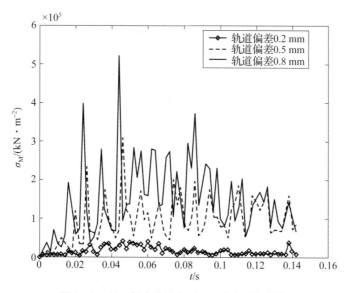

图 3-2-10　橇车监测点 Mises 应力时程曲线

由图 3-2-11 可见，轨道监测点 Mises 应力时程曲线和橇车监测点 Mises 应力时程曲线有相似规律，轨道偏差 0.2 mm 对应的峰值应力整体上被轨道偏差 0.5 mm 对应的峰值应力包络，轨道偏差 0.5 mm 对应的峰值应力又被轨道偏差 0.8 mm 对应的峰值应力包络。较大的峰值应力主要集中出现在轨道监测点附近，随着橇车驶过监测点距离的增加，轨道监测点峰值应力有逐渐衰减的趋势。轨道偏差由 0.2 mm 增至 0.5 mm，监测点平均峰值应力增至 2.2 倍。建立轨道偏差与监测点平均峰值关系曲线，如图 3-2-12 所示。曲线线位表明，橇车监测点的平均峰值应力更大，曲线的斜率更陡，说明橇车监测点应力和轨道不平顺之间的关系相比轨道更为敏感。两条曲线均近似呈线性变化。

3.2.4　小结

（1）轨道不平顺性（偏差）越大，橇轨所受到的冲击加速度、冲击应力越大，两者之间的关系曲线近似呈线性关系，二者之间的关系是相当敏感的，提高滑轨的平顺度有重要的意义。

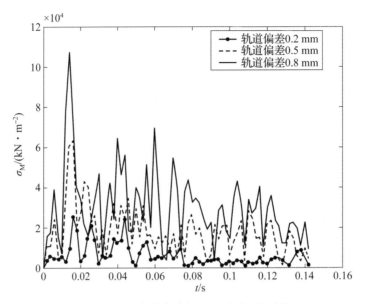

图 3-2-11 轨道监测点 Mises 应力时程曲线

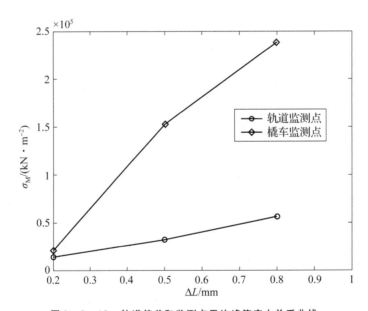

图 3-2-12 轨道偏差和监测点平均峰值应力关系曲线

(2) 轨道相邻扣点的不平顺偏差应控制在 0.2 mm 以内。

(3) 本节计算的初始速度为 100 m/s,如果速度进一步提高,轨道的平顺性问题会更为突出。除此之外,气动效应问题也不能规避,问题会进一步复杂,需要进一步深入研究。

3.3 橇轨气动力学性能研究

3.3.1 计算流体动力学理论基础

计算流体动力学（Computational Fluid Dynamics，CFD）是通过计算机数值计算和图形显示，对包含有流体流动和热传导等相关物理现象的系统所做的分析，其基本思想可以归结为：把原来在时间域及空间域上连续的物理量的场，如速度场和压力场，用一系列有限个离散点上的变量值的集合来代替，通过一定的原则和方式建立起关于这些离散点上场变量之间的关系的代数方程组，然后求解代数方程组获得场变量的近似值。

CFD 方法与传统的理论分析方法、试验测量方法组成了研究流体流动问题的完整体系，图 3-3-1 给出了表征三者之间关系的"三维"流体力学示意图。

理论分析方法的优点在于所得到的结果具有普遍性，各种影响因素清晰可见，是指导试验研究和验证新的数值计算方法的理论

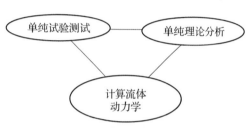

图 3-3-1 "三维"流体力学示意图

基础。但是，它往往要求对计算对象抽象和简化，才有可能得出理论解。对于非线性情况，只有少数流动才能给出解析结果。试验测量方法得到的试验结果真实可信，它是理论分析和数值方法的基础，其重要性不容低估。然而，试验往往受到模型尺寸、流场扰动、人身安全和测量精度的限制，有时可能很难通过试验方法得到结果。此外，试验还会遇到经费投入、人力和物力的巨大消耗及周期长等许多困难。而 CFD 方法恰好克服了前面两种方法的弱点，在计算机上实现一个特定的计算，就好像在计算机上做一次物理试验，可以形象地再现流动场景。CFD 有自己的原理、方法和特点，数值计算与理论分析、试验观测相互联系、相互促进，但不能完全代替，三者各有各的适用场合。

3.3.1.1 控制方程及湍流模型

流体流动要受到物理守恒定律的支配，基本的守恒定律包括：质量守恒定律、动量守恒定律、能量守恒定律。如果流动处于湍流状态，系统还要遵守附加的湍流输送方程。控制方程是这些守恒定律的数学描述。

1. 质量守恒方程

任何流动问题都必须满足质量守恒定律。该定律可表述为：单位时间内流体微元体中质量的增加，等于同一时间间隔内流入该微元体的净流量。按照这一规律，可以得出质量守恒方程：

$$\frac{\partial \rho}{\partial t} + \frac{\partial (\rho v)}{\partial x} + \frac{\partial (\rho u)}{\partial y} + \frac{\partial (\rho w)}{\partial z} = 0 \qquad (3-3-1)$$

式中，ρ 为密度；t 为时间；速度矢量 u、v 和 w 为在 x、y 和 z 方向的分量。

2. 动量守恒方程

动量守恒定律也是任何流动系统都必须满足的基本定律。该定律可表述为：微元体中流体的动量对时间的变化等于外界作用在该微元体上的各种力之和。该定律实际上是牛顿第二定律。按照这一定律，可导出 x、y 和 z 三个方向的动量守恒方程：

$$\frac{\partial (\rho u)}{\partial t} + \frac{\partial (\rho uu)}{\partial x} + \frac{\partial (\rho uv)}{\partial y} + \frac{\partial (\rho uw)}{\partial z} = \frac{\partial}{\partial x}\left(\mu \frac{\partial u}{\partial x}\right) + \frac{\partial}{\partial y}\left(\mu \frac{\partial u}{\partial y}\right) + \frac{\partial}{\partial z}\left(\mu \frac{\partial u}{\partial z}\right) - \frac{\partial p}{\partial x} + S_u$$
$$(3-3-2)$$

$$\frac{\partial (\rho v)}{\partial t} + \frac{\partial (\rho vu)}{\partial x} + \frac{\partial (\rho vv)}{\partial y} + \frac{\partial (\rho vw)}{\partial z} = \frac{\partial}{\partial x}\left(\mu \frac{\partial v}{\partial x}\right) + \frac{\partial}{\partial y}\left(\mu \frac{\partial v}{\partial y}\right) + \frac{\partial}{\partial z}\left(\mu \frac{\partial v}{\partial z}\right) - \frac{\partial p}{\partial y} + S_v$$
$$(3-3-3)$$

$$\frac{\partial (\rho w)}{\partial t} + \frac{\partial (\rho wu)}{\partial x} + \frac{\partial (\rho wv)}{\partial y} + \frac{\partial (\rho ww)}{\partial z} = \frac{\partial}{\partial x}\left(\mu \frac{\partial w}{\partial x}\right) + \frac{\partial}{\partial y}\left(\mu \frac{\partial w}{\partial y}\right) + \frac{\partial}{\partial z}\left(\mu \frac{\partial w}{\partial z}\right) - \frac{\partial p}{\partial z} + S_w$$
$$(3-3-4)$$

式中，符号 S_u、S_v 和 S_w 为动量守恒方程的广义源项，$S_u = F_x + s_x$，$S_v = F_y + s_y$，$S_w = F_z + s_z$，一般来讲，s_x、s_y 和 s_z 是小量。

3. 能量守恒方程

能量守恒定律是包含有热交换的流动系统必须满足的基本定律。该定律可表述为：微元体中能量的增加率等于进入微元体的净热流量加上体力与面力对微元体所做的功。该定律实际上是热力学第一定律。按照这一定律，我们可得到能量守恒方程：

$$\frac{\partial (\rho T)}{\partial t} + \frac{\partial (\rho uT)}{\partial x} + \frac{\partial (\rho vT)}{\partial y} + \frac{\partial (\rho wT)}{\partial z} = \frac{\partial}{\partial x}\left(\frac{k}{c_p} \frac{\partial T}{\partial x}\right) + \frac{\partial}{\partial y}\left(\frac{k}{c_p} \frac{\partial T}{\partial y}\right) + \frac{\partial}{\partial z}\left(\frac{k}{c_p} \frac{\partial T}{\partial z}\right) + S_T$$
$$(3-3-5)$$

式中，c_p 为比热容；T 为温度；k 为流体的传热系数；S_T 为流体的内热源及由于黏性作用流体机械能转换为热能的部分，有时简称 S_T 为黏性耗散项。

4. 湍流模型

当 Reynolds 数小于某一临界值时，流动是平滑的，相邻的流体层彼此有序地流动，这种流动称作层流（Laminar Flow）。当 Reynolds 数大于临界值时，会出现一系列复杂的变化，最终导致流动特征的本质变化，流动呈无序的混乱状态。这时，即使是边界条件保持不变，流动也是不稳定的，速度等流动特征都随机变化，这种状态称为湍流（Turbulent Flow）。

目前的湍流数值模拟方法可以分为直接数值模拟方法和非直接数值模拟方法。所谓直接数值模拟方法是指直接求解瞬时湍流方程，而非直接数值模拟方法就是不直接计算湍流的脉动特性，而是设法对湍流做某种程度的近似和简化处理，根据所采用的近似和简化方法的不同，非直接数值模拟方法分为大涡模拟、统计平均法和 Reynolds 平均法。

因为直接求解 N-S 方程非常困难，所以通常用两种办法对湍流进行模拟，即对 N-S 方程进行雷诺平均和滤波处理。这两种方法都会增加新的未知量，因此需要相应增加控制方程的数量，以便保证未知数的数量与方程数量相同，达到封闭方程组的目的。

雷诺平均 N-S 方程是流场平均变量的控制方程，其相关的模拟理论被称为湍流模式理论。湍流模式理论假定湍流中的流场变量由一个时均量和一个脉动量组成，以此观点处理 N-S 方程可以得出雷诺平均 N-S 方程（简称 RNS 方程）。在引入 Boussinesq 假设，即认为湍流雷诺应力与应变成正比之后，湍流计算就归结为对雷诺应力与应变之间的比例系数（即湍流黏性系数）的计算。根据计算中使用的变量数目和方程数目的不同，湍流模式理论中所包含的湍流模型又被分为二方程模型、一方程模型和零方程模型（代数模型）等大类。计算流体分析软件中使用的三种 $k-\varepsilon$ 模型、Spalart-Allmaras 模型及雷诺应力模型（RSM）等都属于湍流模式理论。

3.3.1.2　控制方程的离散

在对指定问题进行 CFD 计算之前，首先要将计算区域离散化，即对空间上连续的计算区域进行划分，把它划分成许多个子区域，并确定每个区域中的节点，从而生成网格。然后，将控制方程在网格上离散，即将偏微分格式的控制方程转化为各个节点上的代数方程组。

由于应变量在节点之间的分布假设及推导离散方程的方法不同，就形成了有限差分法、有限元法和有限元体积法等不同类型的离散化方法。有限体积法（Finite Volume Method，简称 FVM），是近年发展非常迅速的一种离散化方法，其特点是计算效率高。有限体积法又简称控制体积法（Control Volume Method），它的基本方法是将所计算的区域划分成一系列控制体积，每个控制体积都由一个节点作代表。通过将守恒型的控制方程对控制体积做积分来导出离散方程。在导出过程中，需要对界面上的被求函数本身及其一阶导数的构成做出假设，这种构成的方式就是有限体积法中的离散格式。有限体积法是内节点法，节点位于单元的内部，它是所在的子区域的代表，子区域就是控制体积，划分子区域的曲线簇就是控制体积的界面线。就实施过程而言，它是一种先界面再节点的方法，称为内节点法或单元中心法。有限体积法是基于单元的离散方法，而不是像有限元法那样是基于节点的。有限体积法导出的离散方程可以保证具有守恒性，而且离散方程的物理意义明确，因此它是目前流动与传热问题的数值计算中应用最广的一种方法。

流体力学有限元使用非结构网格，例如二维三角形或四边形网格、三维四面体/六面体/金字塔形网格来解决具有复杂外形的流动。甚至可以用混合型非结构网格。允许根据解的具体情况对网格进行修改（细化/粗化），这种网格的自适应能力对于精确求解有较大梯度的流场有很实际的作用。对于大梯度区域，如自由剪切层和边界层，为了非常准确地预测流动，自适应网格是非常有用的。与结构网格和块结构网格相比，这一特点很明显地减少了产生"好"网格所需要的时间。对于给定精度，自适应细化方法使网格细化方法变得很简单，并且减少了计算量。其原因在于，网格细化仅限于那些需要更多网格的解域。可以进行二维平面、二维轴对称和三维流动分析，以完成多种参考系下流场模拟、定常与非定常流动分析、不可压流和可压流计算、层流和湍流模拟、传热和热混合分析、化学组分混合和反应分析、多相流分析、固体与流体结合传热分析、多空介质分析等。湍流模型包括 Reynolds 应力模型、LES 模型、标准壁面函数、双层近壁模型等。

3.3.2 滑橇气动特性数值模拟

3.3.2.1 滑橇空气动力学模型

空气动力学计算需从无限空间截取有限的区域进行仿真计算，计算区域的大小能够充分反应火箭弹外流场特性。计算域划分为来流区和尾流区，根据绕流流场的基本特性，尾流区域取较大值。火箭滑橇模型前端的流场区域的纵向长度为一倍的火箭滑橇模型长度，模型尾流区域的纵向长度为 8 倍的火箭滑橇模型长度，计算区域高度取 10 倍的火箭滑橇模型高度，计算域宽度为 10 倍火箭模型的宽度。因此，计算域的长、宽、高分别为 21 m×2.9 m×3.47 m。滑橇与地面之间的间隙取 0.2 m。模型计算域如图 3-3-2 所示。

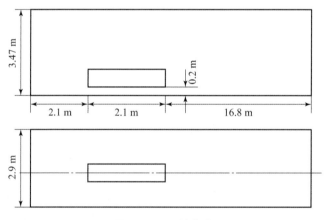

图 3-3-2 计算域

模型网格划分采用非结构网格，在滑橇表面及地面处生成边界层网格。边界层第一层网格的厚度为 0.5 mm，为保证网格质量，提高壁面函数应用于边界层模拟的准确性，共设置 3 层边界层网格，增长比为 1.5。整个计算区域的网格总数约为 200 万。建立的单轨火箭滑橇空气动力学模型如图 3-3-3 所示。

数值模拟在计算域中进行，需要给定正确的边界条件。选取无源流场作为入口和出口的边界条件，选取火箭弹为固壁边界条件。采用相对运动条件模拟火箭滑橇附近的外流场。即假定滑橇静止，空气来流于以火箭滑橇运行速度反向等值绕流火箭滑橇。计算域的入口用压力远场边界条件，出口也采用压力远场边界条件。地面采用光滑壁面边界条件。滑橇表面采用光滑壁面边界条件。

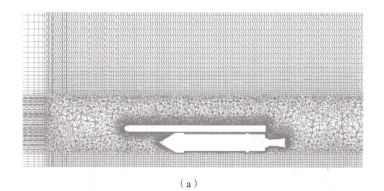

(a)

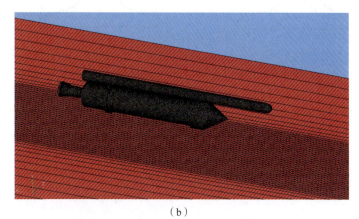

(b)

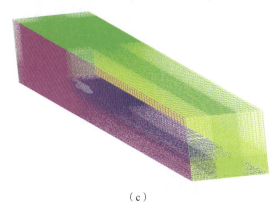

(c)

图 3-3-3　橇车空气动力学模型

(a) 正截面两维网格；(b) 橇车表面网格；(c) 流场三维网格

选取耦合隐式求解器、Spalart–Allmaras 湍流模型进行计算，设置收敛因子为 0.8，离散格式为二阶迎风格式。设置残差监视器对所计算的结果进行监视，这样可以得到合理的计算结果，也可检测计算的精度。

滑靴与钢轨匹配之间存在一定的间隙，如图 3-3-4 所示。因此，滑橇在运行过程中将会产生气动攻角，气动攻角包括竖向攻角和水平攻角。θ_1 表示竖向攻角，θ_2 表示水平攻角。

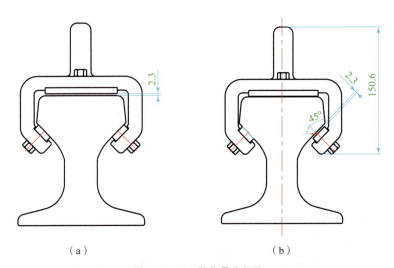

(a) (b)

图 3-3-4 靴轨最大间隙

(a) 靴轨竖向最大间隙；(b) 靴轨水平向最大间隙

由图 3-3-4 可得滑橇竖向最大攻角：

$$\theta_1 = \arctan \frac{2.3 \text{ mm（竖向间隙）}}{820 \text{ mm（前后靴中心间距）}} = 0.160\ 7°$$

滑橇水平向最大攻角：

$$\theta_2 = \arctan \frac{2.3 \text{ mm（斜垂向垂直间隙）} \times \cos45°\text{（转化成水平向）} \times 2\text{（前后靴交错）}}{820 \text{ mm（前后靴中心间距）}} = 0.227\ 3°$$

以上仅为单纯考虑间隙，同时把橇车考虑成刚体得出的最大变位角。考虑到橇车和滑靴的弹性，上述攻角应进一步加大，宜乘以放大系数，初步设为 3。因此最后确定竖向最大攻角 $\theta_1 = 0.48°$，水平向最大攻角 $\theta_2 = 0.68°$。

竖向攻角使得滑橇的气动阻力以及气动升力发生改变；水平攻角使得滑橇侧向气动荷载发生改变。滑橇在钢轨上运行时，在竖向上存在抬头（对应于竖向攻角为正）和点头（对应于竖向攻角为负）两种情况，需要考虑这两种不同情况对滑橇气动荷载的影响。在水平方向上，滑橇摇头产生的侧向气动荷载左右对称，因此，只需要计算水平攻角为正时产生的侧向气动荷载，水平攻角为负时的侧向气动荷载可由对称性得到。因此，通过数值模拟五种工况来分析火箭滑橇的阻力、升力以及侧向力：

工况一：滑橇平直运行，即攻角为 $0°$；

工况二：滑橇抬头和摇头，$\theta_1 = 0.24°$，$\theta_2 = \pm 0.34°$；

工况三：滑橇抬头和摇头，且为最大竖向和最大水平向攻角，即 $\theta_1 = 0.48°$，$\theta_2 = \pm 0.68°$；

工况四：滑橇点头和摇头，$\theta_1 = -0.24°$，$\theta_2 = \pm 0.34°$。

工况五：滑橇点头和摇头，且为最大竖向和最大水平向攻角，即 $\theta_1 = -0.48°$，$\theta_2 = \pm 0.68°$。

3.3.2.2 滑橇外流场分布特性

下面运用流态显示技术观察和分析滑橇各部位的气流情况、压力分布等。

1. 工况一滑橇流场分布

攻角为 0°时,火箭滑橇表面压力分布如图 3-3-5 所示。

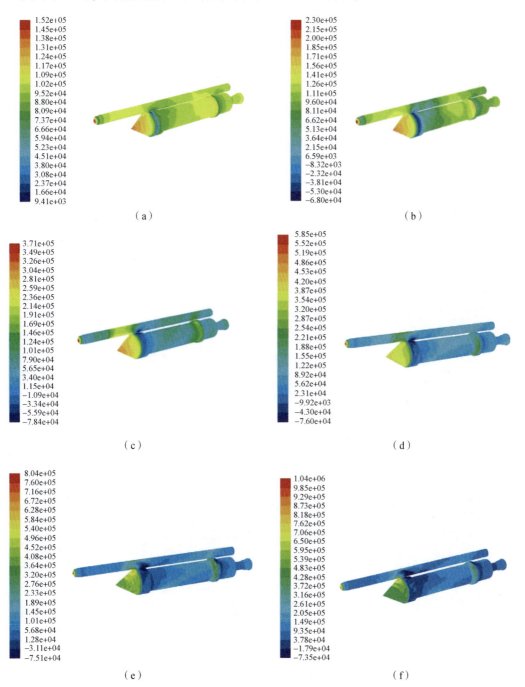

图 3-3-5　工况一火箭滑橇表面压力分布

(a) 马赫数为 0.6 时滑橇的压力云图;(b) 马赫数为 0.9 时滑橇压力云图;
(c) 马赫数为 1.2 时滑橇压力云图;(d) 马赫数为 1.5 时滑橇压力云图;
(e) 马赫数为 1.8 时滑橇压力云图;(f) 马赫数为 2.0 时滑橇压力云图

等压线分布如图 3-3-6 所示。

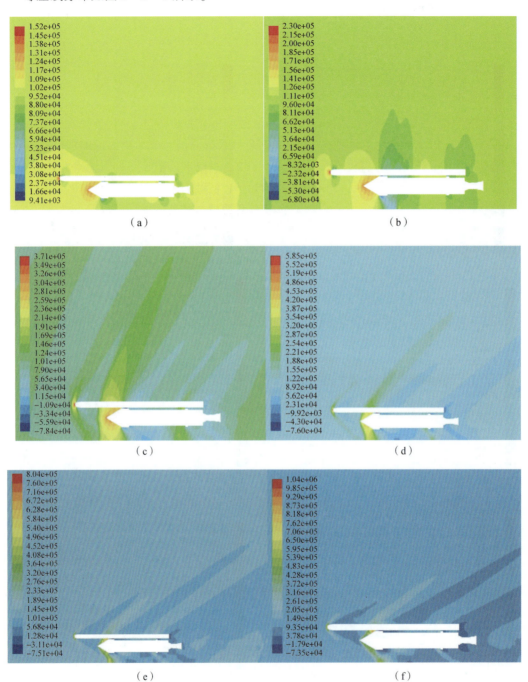

图 3-3-6 工况一等压线分布

(a) 马赫数为 0.6 时的等压线图；(b) 马赫数为 0.9 时的等压线图；
(c) 马赫数为 1.2 时的等压线图；(d) 马赫数为 1.5 时的等压线图；
(e) 马赫数为 1.8 时的等压线图；(f) 马赫数为 2.0 时的等压线图

通过对单轨火箭滑橇的外流场数值模拟，得到了整个流场信息。首先，从火箭滑橇表面压力分布图可以看出，火箭滑橇前部（火箭弹的头部）的区域为高压区，产生了很大的压力。

其次，从火箭滑橇等压线分布图可以看出，当火箭滑橇超音速飞行时，火箭弹的头部产生了激波，这部分激波产生的阻力很大，将直接影响单轨火箭滑橇整体阻力；而在单轨火箭滑橇的尾部，由于侧面气流和底部气流流速较低，气流在发动机后面产生的压力要比前部小，使得气流在尾部形成突然的转角发生分离并产生强烈的涡流，也产生很大的阻力。

最后，通过数值模拟得到单轨火箭滑橇的阻力系数分别为，马赫数为 0.6 时的阻力系数为 0.439，马赫数为 0.9 时的阻力系数为 0.742，马赫数为 1.2 时的阻力系数为 1.146，马赫数为 1.5 时的阻力系数为 1.144，马赫数为 1.8 时的阻力系数为 1.062，马赫数为 2.0 时的阻力系数为 0.992。将计算得到的阻力系数拟合成如图 3-3-7 所示曲线。马赫数为 1.3 时对应阻力系数峰值，随着马赫数进一步增加，整个流场变成超音速流场，物体前面的来流动压增加（即速度增加），但是物体表面压强分布变化不如速度增加得快，所以阻力系数有下降的趋势。

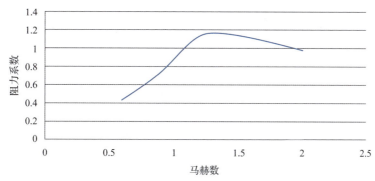

图 3-3-7　阻力系数随马赫数变化曲线图

2. 工况二滑橇流场分布

工况二时，火箭滑橇表面压力分布如图 3-3-8 所示。

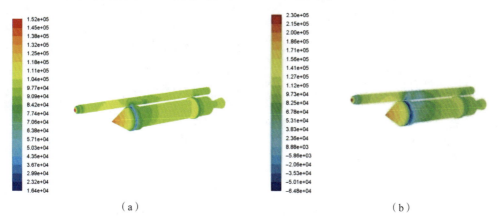

图 3-3-8　工况二火箭滑橇表面压力分布

（a）马赫数为 0.6 时滑橇压力云图；（b）马赫数为 0.9 时滑橇压力云图

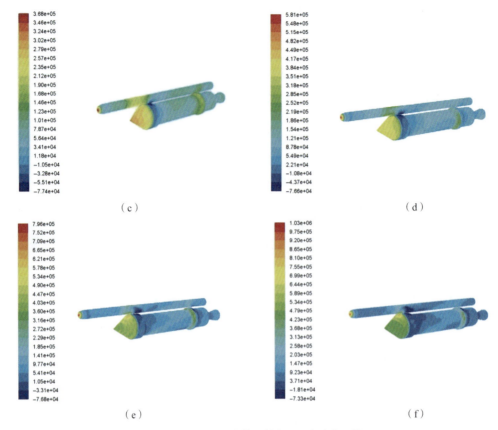

图3-3-8 工况二火箭滑橇表面压力分布（续）

(c) 马赫数为1.2时滑橇压力云图；(d) 马赫数为1.5时滑橇压力云图；
(e) 马赫数为1.8时滑橇压力云图；(f) 马赫数为2.0时滑橇压力云图

等压线分布如图3-3-9所示。

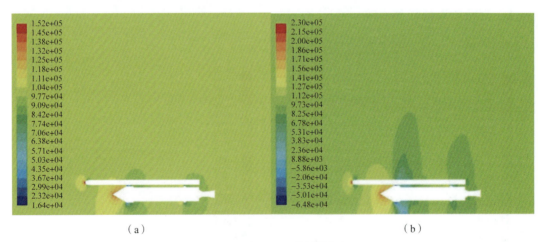

图3-3-9 工况二等压线分布

(a) 马赫数为0.6时的等压线图；(b) 马赫数为0.9时的等压线图

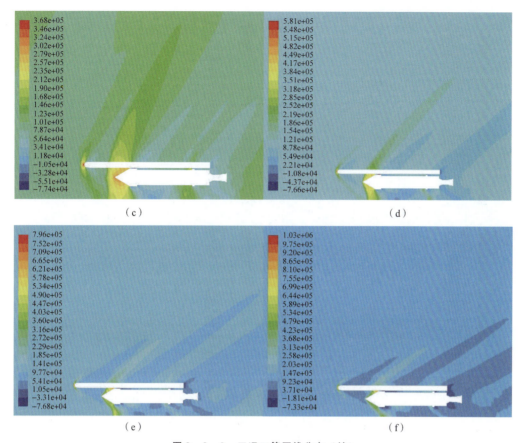

图 3-3-9 工况二等压线分布（续）

（c）马赫数为 1.2 时的等压线图；（d）马赫数为 1.5 时的等压线图；
（e）马赫数为 1.8 时的等压线图；（f）马赫数为 2.0 时的等压线图

3. 工况三滑橇流场分布

工况三时，火箭滑橇表面压力分布如图 3-3-10 所示。

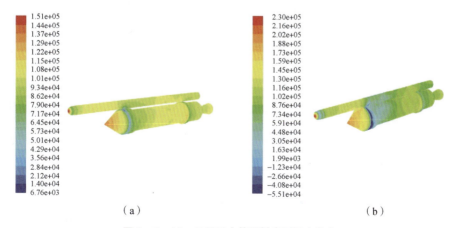

图 3-3-10 工况三火箭滑橇表面压力分布

（a）马赫数为 0.6 时滑橇压力云图；（b）马赫数为 0.9 时滑橇压力云图

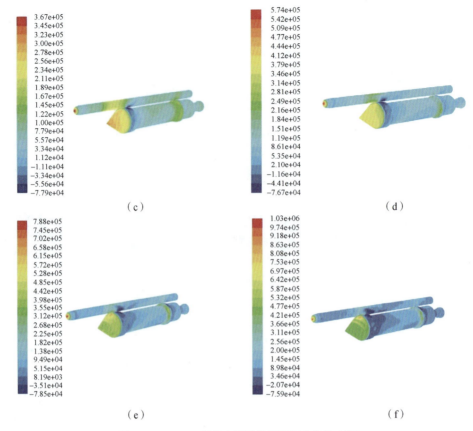

图3-3-10 工况三火箭滑橇表面压力分布（续）

（c）马赫数为1.2时滑橇压力云图；（d）马赫数为1.5时滑橇压力云图；
（e）马赫数为1.8时滑橇压力云图；（f）马赫数为2.0时滑橇压力云图

等压线分布如图3-3-11所示。

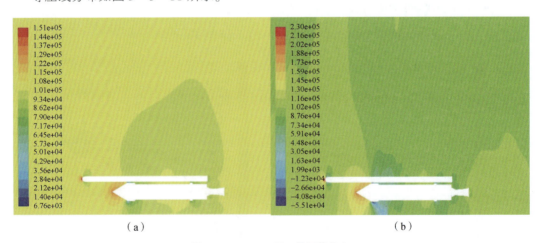

图3-3-11 工况三等压线分布

（a）马赫数为0.6时的等压线图；（b）马赫数为0.9时的等压线图

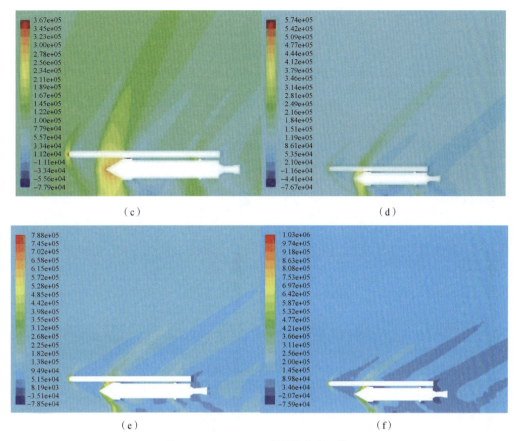

图 3-3-11 工况三等压线分布（续）

（c）马赫数为 1.2 时的等压线图；（d）马赫数为 1.5 时的等压线图；
（e）马赫数为 1.8 时的等压线图；（f）马赫数为 2.0 时的等压线图

4. 工况四滑橇流场分布

工况四时，火箭滑橇表面压力分布如图 3-3-12 所示。

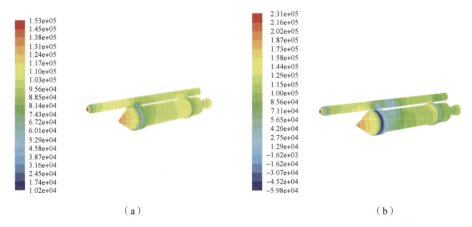

图 3-3-12 工况四条件下火箭滑橇表面压力分布

（a）马赫数为 0.6 时滑橇压力云图；（b）马赫数为 0.9 时滑橇压力云图

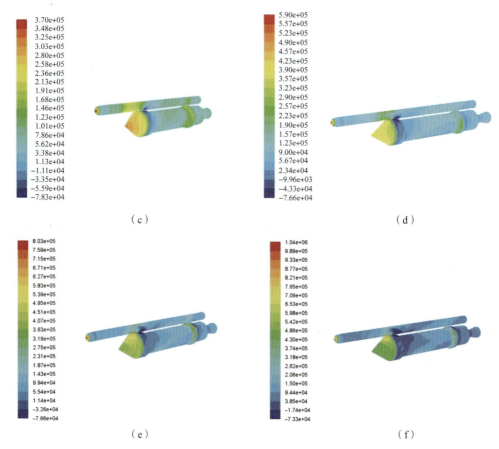

图 3-3-12 工况四条件下火箭滑橇表面压力分布（续）

（c）马赫数为 1.2 时滑橇压力云图；（d）马赫数为 1.5 时滑橇压力云图；
（e）马赫数为 1.8 时滑橇压力云图；（f）马赫数为 2.0 时滑橇压力云图

等压线分布如图 3-3-13 所示。

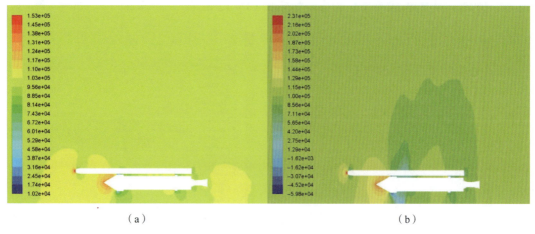

图 3-3-13 工况四条件下等压线分布图

（a）马赫数为 0.6 时的等压线图；（b）马赫数为 0.9 时的等压线图

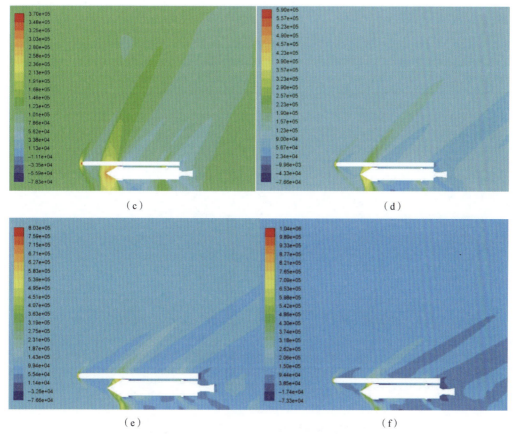

(c)　　　　　　　　　　　　　　　　　(d)

(e)　　　　　　　　　　　　　　　　　(f)

图 3-3-13　工况四条件下等压线分布图（续）
(c) 马赫数为 1.2 时的等压线图；(d) 马赫数为 1.5 时的等压线图；
(e) 马赫数为 1.8 时的等压线图；(f) 马赫数为 2.0 时的等压线图

5. 工况五滑橇流场分布

工况五时，火箭滑橇表面压力分布如图 3-3-14 所示。

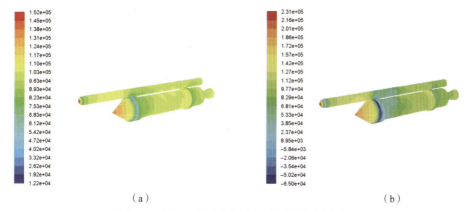

(a)　　　　　　　　　　　　　　　　　(b)

图 3-3-14　工况五条件下火箭滑橇表面压力分布
(a) 马赫数为 0.6 时滑橇压力云图；(b) 马赫数为 0.9 时滑橇压力云图

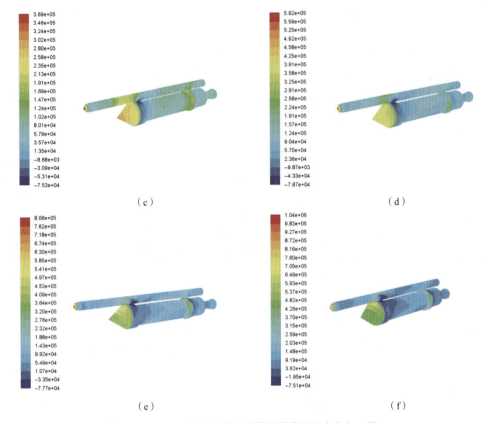

图 3-3-14　工况五条件下火箭滑橇表面压力分布（续）

（c）马赫数为 1.2 时滑橇压力云图；（d）马赫数为 1.5 时滑橇压力云图
（e）马赫数为 1.8 时滑橇压力云图；（f）马赫数为 2.0 时滑橇压力云图

等压线分布图如图 3-3-15 所示。

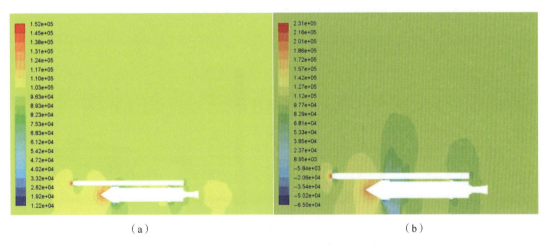

图 3-3-15　工况五条件下滑橇的等压线分布图

（a）马赫数为 0.6 时的等压线图；（b）马赫数为 0.9 时的等压线图

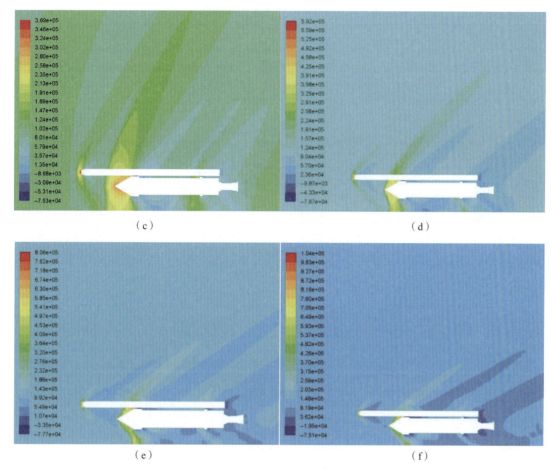

图 3-3-15 工况五条件下滑橇的等压线分布图（续）

(c) 马赫数为 1.2 时的等压线图；(d) 马赫数为 1.5 时的等压线图；
(e) 马赫数为 1.8 时的等压线图；(f) 马赫数为 2.0 时的等压线图

3.3.3 滑橇气动荷载分析

为研究滑橇在气动荷载作用下的运行姿态，需要将滑橇表面的压力转化为滑橇的气动荷载，转化方法为：将一段微小面积上的滑橇表面压力与该面积相乘，然后在整个滑橇面上进行积分，即可得到滑橇受到的气动荷载。由前面的数值模拟计算可得到滑橇在不同攻角条件下的阻力、升力、侧向力荷载，如表 3-3-1 所示。

工况一：滑橇平直运行，即攻角为 0°；

工况二：滑橇抬头和摇头，$\theta_1 = 0.24°$，$\theta_2 = \pm 0.34°$；

工况三：滑橇抬头和摇头，且为最大竖向和最大水平向攻角，即 $\theta_1 = 0.48°$，$\theta_2 = \pm 0.68°$；

工况四：滑橇点头和摇头，$\theta_1 = -0.24°$，$\theta_2 = \pm 0.34°$；

工况五：滑橇点头和摇头，且为最大竖向和最大水平向攻角，即 $\theta_1 = -0.48°$，$\theta_2 = \pm 0.68°$。

表 3-3-1　滑橇阻力、升力、侧向力气动荷载　　　　　　　　　　　　　　　　kN

		马赫数					
		0.6	0.9	1.2	1.5	1.8	2.0
工况一	阻力	1.376	5.229	14.362	22.407	29.942	34.534
	升力	-0.149	-0.334	-0.310	-0.450	0.149	0.823
	侧向力	0.000	0.000	0.000	0.000	0.000	0.000
工况二	阻力	1.348	5.040	14.465	22.275	29.712	34.185
	升力	-0.169	-0.494	-0.2399	-0.398	0.231	0.861
	侧向力	±0.005	±0.086	±0.117	±0.378	±0.644	±1.146
工况三	阻力	1.344	5.023	14.412	22.320	29.723	34.128
	升力	-0.180	-0.5500	-0.223	-0.389	0.249	0.787
	侧向力	±0.048	±0.320	±0.433	±0.817	±1.841	±2.658
工况四	阻力	1.360	5.160	14.438	22.409	30.111	34.852
	升力	-0.128	-0.234	-0.247	-0.502	0.130	0.622
	侧向力	±0.018	±0.132	±0.143	±0.322	±0.516	±1.033
工况五	阻力	1.387	5.124	14.427	22.418	30.178	35.017
	升力	-0.186	-0.548	-0.198	-0.538	0.042	0.606
	侧向力	±0.107	±0.272	±0.336	±0.793	±1.585	±2.118

滑橇在钢轨上运行时，气动攻角在不停地发生变化，对于攻角变化处于其他角度时，其气动荷载利用差值方法求出。

不同攻角不同马赫数条件下，火箭滑橇气动荷载（阻力 F_d、升力 F_l、侧向力 F_s）如图 3-3-16、图 3-3-17、图 3-3-18 所示。

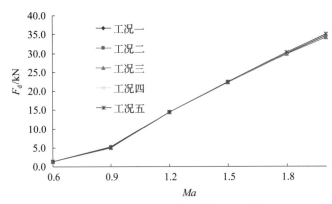

图 3-3-16　不同攻角下滑橇阻力荷载

从图 3 – 3 – 16 和图 3 – 3 – 17 可以看出，在小的气动攻角条件下气动阻力和升力变化不大，气动阻力随马赫数的增加，呈现线性增加趋势；气动升力在速度增加到一定程度时，升力的作用方向发生改变。

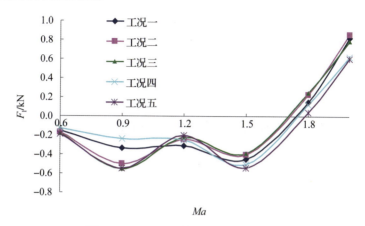

图 3 – 3 – 17　不同攻角下滑橇升力荷载

从图 3 – 3 – 18 中可以看出，随着点头和摇头角度的增大，侧向力荷载迅速增大；在抬头与点头角度相同时，抬头时滑橇受到的侧向荷载大于点头时滑橇受到的侧向力荷载；在速度超过 $1.3Ma$ 之后，侧向力随着马赫数的增加呈非线性增大趋势。

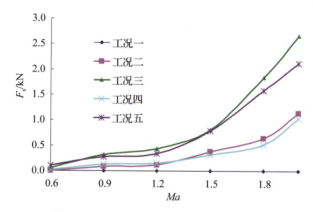

图 3 – 3 – 18　不同攻角下滑橇侧向力荷载

3.3.4　小结

本节采用数值模拟分析方法研究了近地超音速飞行的单轨火箭滑橇气动特性，火箭滑橇气动特性研究是火箭滑轨设计的关键部分。主要得到以下结论：

（1）火箭滑橇超音速飞行时，火箭弹的头部产生了激波；气流在尾部形成突然的转角发生分流并产生强烈的涡流；由于气流之间的相互作用，在导流罩尾部与火箭弹之间的间隙，产生了高压区域；火箭滑橇为近地飞行，导流罩前部因为气流阻塞，导流罩表面产生了很大的压力。

（2）气动功角对侧向力荷载影响较大，而对阻力及升力荷载影响不大；在速度超过 $1.2Ma$ 之后，侧向力随着马赫数的增加呈非线性增大趋势；气动阻力随马赫数的增加，呈现线性增加趋势；气动升力在速度增加到一定程度时，升力的作用方向会发生改变。

（3）火箭滑橇阻力系数随着马赫数的增加，先逐渐增加然后降低，在 $1Ma$ 附近，阻力系数较大，在跨音速附近气流流动复杂，引起了较大的阻力变化。

（4）本节针对火箭滑橇行进过程中的不稳定空气动力进行分析，总结了规律。火箭喷流的不稳定及推力偏心等也是引起火箭滑橇严重振动的重要原因，将在今后的研究工作中进行研究。

3.4 橇轨动力效应影响因素研究

目前，国内在高速滑轨橇轨动力耦合作用效应方面开展的相关研究很少。国外高速滑轨建设起步较早，其研究的结果多为试验数据的归纳和总结，只建立了滑橇速度和冲击加速度之间的关系曲线（Holloman 标准中 Lambda 法），没有对其他因素单独考虑，Holloman 标准也只是经验数据的归纳而不是科学研究的产物，只适用于本标准中相似或相近的滑橇和 Holloman 轨道，外形差别较大的滑橇以及和 Holloman 轨道平顺度差别较大的轨道，不应该直接采用。

橇轨之间相互作用效应受多因素影响，这些因素包括两方面的内容：一是滑轨本身的因素，包括轨道的平顺度、轨道扣件刚度、支撑轨道的承载梁的刚度；二是滑橇本身的因素，包括滑橇质量、和轨道直接接触作用的滑靴的刚度、滑橇速度、滑橇气动效应、滑橇的不平衡推力，可以采用以下函数的形式表示：

$$F = f(m_q, k_q, \Omega, Q_e, T, K_k, K_l, V) \tag{3-4-1}$$

式中，F 为橇轨的动力作用效应，包括冲击加速度、作用力等；m_q 为滑橇质量；k_q 为滑靴刚度，主要指滑靴衬片刚度；Ω 为轨道不平顺度；Q_e 为滑靴气动效应；T 为滑靴不平衡推力；K_k 为轨道扣件刚度；K_l 为承载梁刚度；V 为滑橇速度。

在这些因素中，滑橇的气动效应与滑橇整流罩形状密切相关，滑橇的不平衡推力主要源于火箭发动机安装或喷射尾流的不对称性，这两项内容属于滑橇本体设计范畴。本节研究内容主要针对滑轨本身因素和滑靴刚度、滑橇速度这几项内容展开，为滑轨设计提供重要的理论依据。本节研究的主要影响因素可采用以下函数表达：

$$F = f(k_q, \Omega, K_k, K_l, V) \tag{3-4-2}$$

橇轨耦合作用评价指标采用橇车振动加速度指标。橇车振动加速度用以表征橇车在轨道上过载剧烈程度，是橇车可靠度设计关键。

本节将采用基于数值模拟的正交试验方法，以橇车质心振动加速度为橇轨耦合作用剧烈程度的评价指标，重点研究轨道平顺度、轨道刚度、承载梁刚度、滑橇速度、衬片刚度、扣件刚度六种因素对橇轨耦合作用影响的敏感性规律，确定敏感性强弱排序。

3.4.1 高速滑轨结构

高速滑轨受力条件与国铁及轻轨均不同，其上运行的火箭滑车，是一个在特殊动力作用下的滑体，运行速度是常规铁路运行速度的十几倍，因此其受力与一般的运输工具存在很大的区别，其静荷载小、动荷载很大，无论设计还是施工，要求都很高。高速滑轨结构主要由钢轨、扣件、轨下梁式结构、支座等组成，如图 3-4-1 所示。

钢轨采用 89 kg/m 的 Qu100 全断面淬火钢轨，经现场焊接成长钢轨条。由于轨道上橇车运行速度很高，对钢轨的平顺度要求很高，因此对钢轨的平顺调整结构有着很高的要求，传统的铁路扣件系统无法满足要求。高速滑轨扣件是经过特殊设计的，由扣板、枕板、U 形挡板、垂向调节螺栓、横向调节螺栓等组成，可以实现双向精度可调，如图 3-4-2 所示。

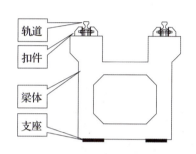 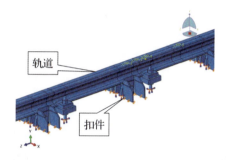

图 3-4-1 高速滑轨承载梁断面示意图　　图 3-4-2 高速滑轨轨道与扣件示意图

轨下结构为梁式结构，桥梁为 15 m 简支梁，材料为 C40 混凝土。下部与支座接触，上部通过扣件与轨道连接。

3.4.2　橇轨动力分析模型

3.4.2.1　有限元模型

橇车由被试品、V 形导轨、火箭和滑靴组成，滑橇通过滑靴和轨道相互作用，滑靴设置成鞍形抱住轨头，内侧设置衬片与轨道的上表面、左右两个鄂面接触，为了使滑靴顺利通过轨道，滑靴左右两个鄂面和轨道之间设有初始间隙，这个间隙一般在 1~2 mm，为了提高试验的安全性，橇轨之间的相互作用效应越小越好。滑靴和轨道作用关系如图 3-4-3 所示。

被试品、火箭等部件厚度远远小于其他方向的尺寸，采用壳单元。滑车下部结构如滑靴、滑块等采用实体单元模型。滑靴是车轨接触的直接作用点，该部分网格划分要求较高，滑靴顶面和侧面衬

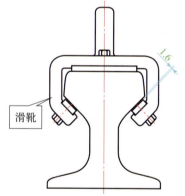

图 3-4-3　滑靴与轨道位置关系

片考虑倒角等实际情况，为保证应力传递准确，滑靴结构网格采用两层划分。

钢轨的网格划分原则是网格纵向长度应小于滑靴的长度，在横截面内由于轨道左右两侧布设测点，所以也要划分出节点以求较为方便地输出测点的值。由于轨道结构部件众多，详细模拟其工作状态计算模型复杂，并且某些反映模型特性的计算参数也难以确定，因此钢轨采用 8 节点实体单元。

根据实际情况,按每米一个设置扣件。高速滑轨扣件是经过特殊设计的,由扣板、枕板、U形挡板、垂向调节螺栓、横向调节螺栓等组成。扣件三个方向刚度可根据有限元模型加载得到,计算得到横向刚度为 210 kN/mm,垂向刚度为 1 765 kN/mm,纵向刚度为 10.85 kN/mm。建模中扣件采用弹簧阻尼元模拟。

桥梁模型为 15 m 简支梁,材料为 C40 混凝土,下部与支座接触,上部通过扣件与轨道连接。桥梁采用 8 节点实体单元建模。

3.4.2.2 接触理论

橇轨接触模型考虑接触物体的真实几何型面,本节中衬片和钢轨形状完全按照实际的尺寸建立,采用 8 节点实体单元。接触面的主面为钢轨表面,从面则为衬片。图 3-4-4 表示了接触时橇轨的位置关系。

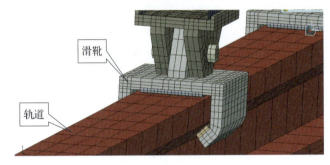

图 3-4-4 橇轨接触

如前所述,橇轨系统的耦合作用是通过界面的接触而实现的,研究动力学问题的关键在于正确地求解橇轨间的相互作用力。基于弹性体接触的基本理论,这里对橇轨接触力进行计算时采用非线性赫兹接触模型计算橇轨法向接触力,切向摩擦和蠕滑行为则用摩擦系数法来描述。

运用赫兹非线性接触理论,橇轨法向接触力可用下式计算:

$$P(t) = \left[\frac{1}{G}\Delta Z(t)\right]^{3/2} \quad (3-4-3)$$

式中　G——接触常数;

　　　$\Delta Z(t)$——接触点处的弹性压缩量(m)。

橇轨切向接触力即摩擦力作用在每个表面,和接触面平行。接触切向作用力的大小等于法向力乘以摩擦系数,摩擦力的方向和相对运动的方向相反,即:

$$\tau_{\text{crit}} = \mu p \quad (3-4-4)$$

式中　μ——摩擦系数;

　　　p——两接触面之间的接触压力。

采用指数衰减规律来模拟静摩擦和动摩擦之间的转换,如下式所示,摩擦系数为:

$$\mu = \mu_k + (\mu_s - \mu_k)e^{-\beta v} \quad (3-4-5)$$

式中　μ_k——静摩擦系数;

　　　μ_s——动摩擦系数;

β——指数衰减系数；

v——主从面间的相对滑动速度。

如上采用三维橇轨动态接触模型，能够模拟橇轨之间跳轨、脱轨等现象，更加符合橇轨之间的实际接触状态。

3.4.2.3 有限元参数及模型材料

本节建立的橇轨动力分析有限元模型如图 3-4-5 所示，有限元模型共 38 792 个节点，24 579 个单元。表 3-4-1 给出了各个部件的节点和单元个数、类型及材料性能。

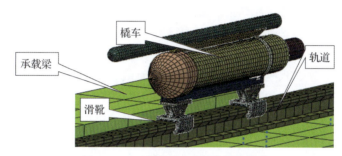

图 3-4-5 橇轨动力分析有限元模型

表 3-4-1 模型的有限元参数

名称	单元个数	节点个数	单元属性	材料模型
橇车	5 785	7 146	壳单元	弹性材料
衬片	2 952	5 106	实体单元	弹性材料
滑靴	1 920	3 356	实体单元	弹性材料
钢轨	8 386	14 500	实体单元	弹性材料
桥跨	5 520	8 556	实体单元	弹性材料
支座	16	128	实体单元	弹性材料

高速滑橇系统中轨道梁采用 C40 混凝土，钢轨为合金钢，衬片采用红铜，滑橇车体采用普通碳钢，支座采用铸钢，其各部分材料参数如表 3-4-2 所示。

表 3-4-2 各部分材料参数

材料	密度/($kg \cdot m^{-3}$)	弹性模量/Pa	泊松比
C40 混凝土	2 500	3.4e+10	0.2
普通碳钢	7 800	2.1e+11	0.28
合金钢	7 700	2.1e+11	0.28
红铜	8 900	1.1e+11	0.37
铸钢	7 800	1.9e+11	0.26

本模型中边界条件经过简化实际边界约束情况建立。由于是简支梁，所以梁一端的支座采取边界横向、垂向和纵向变形为零，另一梁端的支座采取横向和垂向约束，纵向放开。梁与支座之间采用绑定约束。钢轨与梁采用扣件连接，通过扣件分别连接桥梁和钢轨上一点。钢轨和滑橇车体通过滑靴的衬片和钢轨建立接触来约束。

3.4.3 监测点及影响因素正交试验设计

橇车、轨道、梁体监测点设置分别如图3-4-6、图3-4-7、图3-4-8所示。在科学研究和生产中，经常要做许多试验。如科研攻关、产品技术革新等项目研究中，所考察的指标一般是受多个因素影响的，要通过试验来选择各试验结构各因素的最佳状态，这就存在着如何安排试验和如何分析试验结果的问题。作为单因素和双因素试验，由于其因素少，可以进行全面试验来决定因素对所考察指标是否有显著影响或者寻找最优试验方案。而涉及因素及其水平都比较多时，做全面试验无论从人力、物力、财力还是时间等方面，一般都是不现实的。用正交法安排多因素设计的方法，称为正交设计法。它是利用一套现成的规格化的表——正交表来安排多因素试验，并对试验结果进行优的统计分析，找出较优试验方案的一种科学方法。本节正是利用这一方法，采取有限元数值仿真计算正交试验的方法进行火箭滑橇橇轨耦合影响因素敏感性分析。

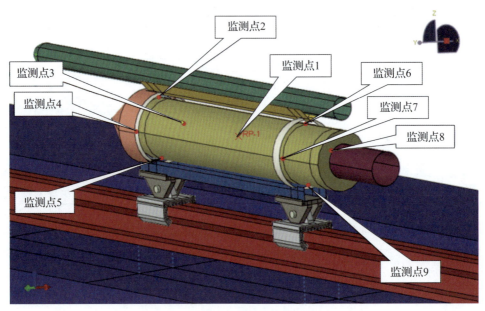

图3-4-6 橇车监测点布置图

橇车设置了质心监测点，其数值为橇车相关点的加权平均值。轨道监测点设置于每段梁体（标准跨径15 m）跨中对应轨顶。梁体监测点设置于每段梁体（标准跨径15 m）跨中的腹板侧壁中部。

除了图中所示的监测点外，还设置了轨道面和滑靴衬片之间的接触输出面，用来输出橇轨冲击接触力。

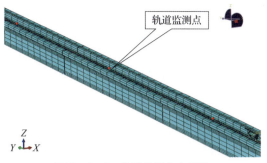

图 3-4-7 轨道监测点布置图

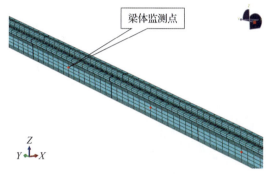

图 3-4-8 梁体监测点布置图

为了区分诸多因素的显著性和主次性,本节借助正交试验设计原理,进行该方面的研究。

正交试验的指标是橇车质心力学加速度响应;试验因素主要指影响橇车加速度响应的内部因素,主要包括轨道平顺度、滑橇速度、衬片刚度、扣件刚度、钢轨刚度、承载梁刚度六个因素,且不考虑各因素之间的交互作用。

对每个因素选取五个水平,将正交试验的因素水平进行编码,如表 3-4-3 所示。

值得说明的是本节的正交试验是基于有限元数值计算进行的,通过改变有限元仿真模型中的参数来实现影响因素的改变,进而得出考察指标的变化。

表 3-4-3 正交试验因素与水平表

因素水平	因素					
	轨道平顺度	衬片刚度 /MPa	扣件刚度 /(N·m^{-1})	钢轨刚度 /MPa	承载梁刚度/MPa	滑橇速度 /(m·s^{-1})
	1	2	3	4	5	6
1	理想状态	刚度折减 50%	刚度折减 50%	刚度折减 50%	刚度折减 50%	200
2	标准不平顺度折减 30%	刚度折减 30%	刚度折减 30%	刚度折减 30%	刚度折减 30%	300

续表

因素水平	因素					
	轨道平顺度	衬片刚度/MPa	扣件刚度/(N·m⁻¹)	钢轨刚度/MPa	承载梁刚度/MPa	滑橇速度/(m·s⁻¹)
	1	2	3	4	5	6
3	标准不平顺度	标准刚度	标准刚度	标准刚度	标准刚度	400
4	标准不平顺度增加30%	刚度增加30%	刚度增加30%	刚度增加30%	刚度增加30%	500
5	标准不平顺度增加50%	刚度增加50%	刚度增加50%	刚度增加50%	刚度增加50%	600

注：标准不平顺度指 Holloman 实测滑轨不平顺度，理想状态指轨道没有不平顺的状态。

3.4.4 正交试验设计结果分析

采用正交表 $L_n(r^m)$ 来安排试验，其中因素的水平数为 r，正交表的列数为 m，总试验次数为 n，本节中 $r=5$，$m=6$，$n=25$。设计好的正交表如表 3-4-4 所示。本节采用方差分析法估计各影响因素的正交试验结果影响的重要程度。滑橇质心最大加速度指标的方差分析如表 3-4-5 所示，因素指标图如图 3-4-9 所示。

表 3-4-4 正交试验因素与水平表及试验结果

试验号	列号						橇车质心最大加速度/(m·s⁻²)
	1	2	3	4	5	6	
因素	轨道平顺度	衬片刚度	扣件刚度	钢轨刚度	承载梁刚度	滑橇速度	试验结果
1	1	1	1	1	1	1	8.32
2	1	2	2	2	2	2	12.78
3	1	3	3	3	3	3	21.56
4	1	4	4	4	4	4	34.89
5	1	5	5	5	5	5	46.89
6	2	1	2	3	4	5	678.98
7	2	2	3	4	5	1	207.89
8	2	3	4	5	1	2	409.84
9	2	4	5	1	2	3	560.89
10	2	5	1	2	3	4	744.76

续表

试验号	列号						橇车质心最大加速度 /(m·s^{-2})
	1	2	3	4	5	6	
因素	轨道平顺度	衬片刚度	扣件刚度	钢轨刚度	承载梁刚度	滑橇速度	试验结果
11	3	1	3	5	2	4	747.86
12	3	2	4	1	3	5	907.88
13	3	3	5	2	4	1	460.75
14	3	4	1	3	5	2	690.75
15	3	5	2	4	1	3	821.67
16	4	1	4	2	5	3	1 206.56
17	4	2	5	3	1	4	1 680.93
18	4	3	1	4	2	5	1 970.89
19	4	4	2	5	3	1	1 375.98
20	4	5	3	1	4	2	1 576.99
21	5	1	5	4	3	2	1 788.43
22	5	2	1	5	4	3	1 934.32
23	5	3	2	1	5	4	2 230.55
24	5	4	3	2	1	5	2 987.63
25	5	5	4	3	2	1	1 998.32
均值1	24.888	886.030	1 069.808	1 056.926	1 181.678	810.252	
均值2	520.472	948.760	1 023.992	1 082.496	1 058.148	725.450	
均值3	725.782	1 018.718	1 108.386	1 014.108	967.722	1 020.332	
均值4	1 562.270	1 130.028	911.498	964.754	937.186	1 087.798	
均值5	2 187.850	1 037.726	907.578	902.978	876.528	1 318.454	
极差	2 162.962	243.998	200.808	179.518	305.150	593.004	

表 3-4-5 滑橇质心最大加速度指标的方差分析

因素	偏差平方和	自由度	F 比	F 临界值	显著性
轨道平顺度	14 915 153.939	4	143.344	6.390	*
衬片刚度	171 025.897	4	1.644	6.390	
扣件刚度	167 401.567	4	1.609	6.390	
钢轨刚度	104 051.648	4	1.000	6.390	

续表

因素	偏差平方和	自由度	F 比	F 临界值	显著性
承载梁刚度	282 652.369	4	2.716	6.390	
滑橇速度	1 029 167.709	4	9.891	6.390	*
误差	104 051.65	4			

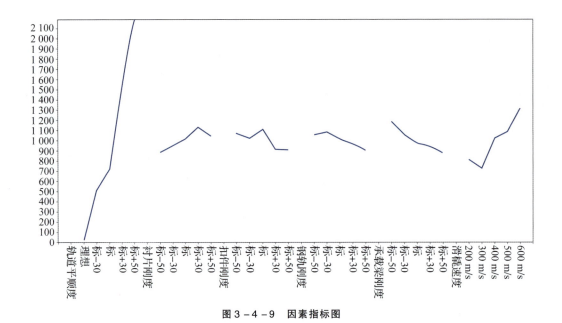

图 3-4-9 因素指标图

从表 3-4-4、表 3-4-5 和图 3-4-9 可以看出，轨道平顺度对橇车最大加速度影响最大，其次是滑橇速度，再次是承载梁刚度，衬片刚度和扣件刚度影响几乎相同，钢轨刚度影响最小。

3.4.5 小结

本节首先建立了橇轨耦合动力的影响因素，基于正交试验理念，建立了正交试验因素水平表，通过数值仿真计算，得出了每种试验因素条件下的橇轨动力响应指标，又基于方差分析，得出了影响因素的强弱排序。

综上所述，可以得出以下结论：

（1）对橇车动力响应影响最显著的三个因素依次为：轨道平顺度、滑橇速度、承载梁刚度。

（2）对于滑橇速度一定的情况下，提高轨道平顺度（减小不平顺度）是减小滑橇动力响应最为关键的因素，轨道平顺度的优劣直接决定了滑轨试验平台的质量优劣。

（3）在轨道平顺度得到理想控制的前提下，研究承载梁刚度、钢轨刚度、衬片刚度、扣件刚度对减小橇车动力响应有一定的意义，对减小橇车动力响应有一定的帮助。其中承载梁刚度为较为敏感因素。

参 考 文 献

[1] 杨兴邦. XB高精度火箭橇试验滑轨 [J]. 中国工程科学, 2000, 10: 33-38.

[2] 杨兴邦. XB火箭橇试验滑轨的直线度评估 [J]. 航空精密制造技术, 1999, 35 (5): 25-29.

[3] 王健, 吴军基, 陶钢. 火箭橇轨道不平顺功率谱密度分析 [J]. 弹道学报, 2008, 20 (4): 81-84.

[4] CINNAMON J D, PALAZOTTO A N. Analysis and Simulation of Hypervelocity Gouging Impacts for a High Speed Sled Test [J]. International Journal of Impact Engineering, 36 (2009): 254-262.

[5] 韩振江, 张建平. 051基地火箭滑车轨道设计要点分析 [J]. 中国铁路, 2004, 11: 31-32.

[6] K.J.巴特, E.L.威尔逊. 有限元分析中的数值方法 [M]. 林公豫, 罗恩, 译. 北京: 科学出版社, 1985.

[7] 夏禾. 车辆与结构动力相互作用 [M]. 北京: 科学出版社, 2003.

[8] 翟婉明. 车辆-轨道耦合动力学 [M]. 3版. 北京: 科学出版社, 2007.

[9] 孔维红, 张惠民, 李荣晖, 等. 火箭滑橇发射过程的动力学分析及数值计算 [J]. 四川兵工学报, 2009, 30 (7): 42-44.

[10] 邹伟红. 火箭滑橇空气动力的数值模拟 [D]. 南京: 南京理工大学博士论文, 2008.

[11] LOFTHOUSE A, HUGHSON M, PALAZOTTO A. Hypersonic Test Sled External Flow Field Investigation Using Computational Fluid Dynamics [C]. Aiaa Aerospace Sciences Meeting & Exhibit, 2002.

[12] 朱基智, 赵捍东, 张会锁. 火箭弹外流场的有限元数值模拟 [J]. 弹箭与制导学报, 2006, 26 (3): 148-150.

[13] 肖虹, 高超, 党云卿, 等. FLUENT软件的二次开发及其在火箭气动计算中的应用 [J]. 航空计算技术, 2009, 39 (5): 55-57.

[14] 王福军. 计算流体动力学分析 [M]. 北京: 清华大学出版社, 2004.

[15] 846th Test Squadron. Holloman High Speed Test Track Design Manual [M]. New Mexico: 46th Test Group, 2005.

[16] MIXON L C, EVANS B, GILLIAM W L. Rail Roughness Study of the Holloman High Speed Rocket Sled Test Track [J]. Rail Roughness Study of the Holloman High Speed Rocket Sled

Test Track, AD – A105778 [R]. USA: Test Track Division 6585th Test Group, 1981.

[17] CLINTON D. Holloman High Speed Test Track Rail Alignment Criteria, AIAA 2000 – 0156 [R]. 38th Aerospace Sciences Meeting & Exhibit, 2000.

[18] GREENBAUM G A, GARNER T N, PLATUS D L. Development of Sled Structural Design Procedures, AD – A004087 [R]. USA: Test Track Division 6585th Test Group, 1974.

[19] HOOSER M. DADS Validation, 46th Test Group [R]. USA: Holloman AFB, 1999.

[20] 846th Test Squadron. Holloman High Speed Test Track Design Manual [R]. USA: Holloman AFB, 2005.

[21] MIXON C. Final Report Sled Design Techniques Project Number 6876 Task [R]. USA: Test Track Division 6585th Test Group, 1971.

[22] 程良奎, 胡建林, 张培文. 岩土锚固技术新发展 [J]. 工业建筑, 2010 (01): 98 – 101.

[23] 叶强, 刘强. 岩土锚固技术在公路边坡治理中的应用 [J]. 公路, 2011 (12): 43 – 45.

[24] 中华人民共和国交通运输部. 岩土锚固的现状与发展 [J]. 岩石力学与工程学报, 2003 (S1): 2214 – 2221.

[25] 庄心善, 胡其志, 何世秀. 锚杆加固岩体边坡设计法分析 [J]. 岩石力学与工程学报, 2002 (7): 1013 – 1015.

[26] 中华人民共和国住房和城乡建设部. 岩土锚杆与喷射混凝土支护工程技术规范（GB 50086—2015）[S]. 北京: 中国计划出版社, 2015.

[27] 中华人民共和国交通运输部. 公路路基设计规范（JTJ D30—2015）[S]. 北京: 人民交通出版社, 2015.

[28] 中华人民共和国交通运输部. 公路圬工桥涵设计规范（JTJ D61—2005）[S]. 北京: 人民交通出版社, 2005.

[29] 中华人民共和国交通运输部. 公路钢筋混凝土及预应力混凝土桥涵设计规范（JTJ D62—2004）[S]. 北京: 人民交通出版社, 2004.

[30] 中华人民共和国交通运输部. 公路桥涵地基与基础设计规范（JTJ D63—2007）[S]. 北京: 人民交通出版社, 2007.

[31] 中华人民共和国交通运输部. 公路土工合成材料应用技术规范（JTJ/T D32—2012）[S]. 北京: 人民交通出版社, 2012.

[32] ADINA R & D Company. ADINA Theory and Modeling Guide Volume Ⅲ: ADINA – F. Report ARD 04 – 09, 2006.

[33] LEVEQUE R J. Finite Difference Methods for Ordinary and Partial Differential Equations [M]. Philadelphia: Society for Industrial and Applied Mathematics, 2007.

[34] SUSSMAN T, SUNDQVIST J. Fluid – structure Interaction Analysis with a Subsonic Potential – based Fluid Formulation [J]. Computers & Structures, 2003, 81 (8/11): 949 – 962.

[35] 岳戈. ADINA 流体与流固耦合功能的高级应用 [M]. 北京: 人民交通出版社, 2010.

[36] 冯远红,闫文魁,殷继刚,陈务军.拱形气肋充气阶段力学性能分析与试验[J].空间结构,2009,15(2):74-75.

[37] 冯远红,杨风雷,闫文魁.拱形气肋承载力分析与试验[J].工业建筑,2009(S2):398-400.

[38] 于宁.充气环结构的承载能力分析[D].哈尔滨:哈尔滨工业大学博士论文,2009.

[39] 赵大鹏.大型充气膜结构特性分析与高强膜材试验研究[D].上海:上海交通大学博士论文,2007.

[40] 唐雅芳.气囊膜形态、结构特性与新型膜材力学性能试验研究[D].上海:上海交通大学博士论文,2006.

[41] 周新年.工程索道与柔性吊桥——理论设计案例[M].北京.人民交通出版社,2008.

[42] 周新年,郑丽凤,游明兴,等.柔性吊桥设计理论及其应用研究Ⅳ:简易柔性悬索桥总体设计方案研究——福建省建瓯市慈口悬索桥例析[J].福建林学院学报,2001,21(3):203-206.

[43] 周新年,郑丽凤,冯建祥,等.柔性吊桥设计理论及其应用研究Ⅰ:福建省简易柔性悬索桥分析研究[J].福建林业科技,2000,27(2):72-74.

[44] 黄绍金,刘伯生.现代索道桥[M].北京:人民交通出版社,2004.

[45] 王小桃,周新年,冯辉荣,等.基于VB 6.0的悬链线理论单跨索道侧型图设计[J].福建农林大学学报(自然科学版),2012,41(2):149-152.

[46] 景天虎,李青宁.悬索桥主缆成桥线形确定的有限元新算法[J].世界桥梁,2012,40(1):42-46.

[47] 田仲初,卜铭,黄宏辉,等.临时索道桥的成桥状态确定与荷载试验研究[J].长沙交通学院学报,2005,21(2):21-25.

[48] 景天虎,李青宁.悬索桥主缆成桥线形确定的有限元新算法[J].世界桥梁,2012,40(1):42-46.

[49] 南海分局工程勘察与环境研究院.铜锣湾项目选址水文泥沙专题报告,2012.

[50] 交通部第一航务工程勘察设计院.海港工程设计手册(中册)[M].北京:人民交通出版社,1994.

[51] 庄茁,张帆,岑松.ABAQUS非线性有限元分析与实例[M].北京:科学出版社,2005.

[52] 中华人民共和国交通部.海港水文规范(JTJ213-98)[S].北京:人民交通出版社,1999.

[53] 闫超.计算流体力学方法及应用[M].北京:北京航空航天大学出版社,2006.

[54] 王福军.计算流体动力学分析[M].北京:清华大学出版社,2004.

[55] 曾攀.有限元分析及应用[M].北京:清华大学出版社,2004.

[56] 王世中.结构力学与有限元法[M].哈尔滨:哈尔滨工程大学出版社,2003.

[57] 陈铁云,沈惠中. 结构的屈曲 [M]. 上海:上海科技文献出版社,1993.

[58] 张雄,王天舒. 计算动力学 [M]. 北京:清华大学出版社,2007.

[59] 中国工程院土木、水利与建筑葛川学部. 土木学科发展现状及前言发展方向研究 [M]. 北京:人民交通出版社,2012.

[60] 叶列平. 土木工程科学前沿 [M]. 北京:清华大学出版社,2006.

[61] 张立乾,郭富民,杨国兴. 娲皇宫危岩稳定性评价及其加固对策 [J]. 建筑结构,2007,37(4):68-71.

[62] 王勖成,邵敏. 有限元基本原理和数值方法 [M]. 北京:清华大学出版社,1997.

[63] 傅德彬. 数值仿真及其在航天发射技术中的应用 [M]. 北京:国防工业出版社,2011.

[64] 张立乾,柳承敏,雷向阳,曹京玉. 悬链线空腹拱拱轴系数计算程序的编制及应用 [J]. 特种工程设计与研究学报,1999,1(1):50-53.

[65] 张立乾,葛全杰. 欧陆风韵开启桥设计漫谈之一——造型及功能实现 [J]. 特种工程设计与研究学报,2002,8(2):43-46.

[66] 张立乾,陈红,邓广辉. 欧陆风韵开启桥设计漫谈之二——结构分析与计算 [J]. 特种工程设计与研究学报. 2003,9(1):44-47.

[67] 张立乾,陈红,龚崇斌. 旧桥加固实践初探 [J]. 华东公路,2002,134(1):37-41.

[68] 邓广辉,张立乾,陈红. 风积沙在筑路中的合理应用 [J]. 特种工程设计与研究学报,2002,8(2):47-49.

[69] 李国平. 桥梁预应力混凝土技术及设计原理 [M]. 北京:交通人民出版社,2003.

[70] GAO R, LIU Z M, ZHANG L Q, et al. Static Properties of Plain Reactive Powder Concrete Beams [J]. Key Engineering Materials, 2006, 303: 521-532.

[71] 顾祥林,孙飞飞. 混凝土结构的计算机仿真 [M]. 上海:同济大学出版社,2002.

[72] 任爱珠,张建平. 土木工程CAD技术 [M]. 北京:清华大学出版社,2006.

[73] 谢康和,周健. 岩土工程有限元分析理论及应用 [M]. 北京:科学出版社,2002.

[74] 马芹永. 土木工程特种结构 [M]. 北京:高等教育出版社,2005.

[75] 吴冲. 现代钢桥 [M]. 北京:人民交通出版社,2006.

[76] 邓广辉,孙续峰,张立乾. 快速组装钢桁架桥在抗震救灾中的利用 [J]. 特种工程设计与研究学报,2008,21(3):52-55.

[77] 陈红,张立乾,邓广辉,茹东永. 某专用公路路基及排水设计研究 [J]. 特种工程设计与研究学报,2010,27(1):54-59.

[78] 杨桂通. 弹塑性动力学基础 [M]. 北京:科学出版社,2008.

[79] 马晓青,韩峰. 高速碰撞动力学 [M]. 北京:国防工业出版社,1998.

[80] 林同炎. 结构概念与体系 [M]. 北京:中国建筑工业出版社,1999.

[81] [美] G. R. 布查南. 有限元分析 [M]. 董文军,谢伟松,译. 北京:科学出版社,2002.

[82] IRWIN H, WARDLAW R L. A wind Tunnel Investigation of a Retractable Fabric Roof for

the Montreal Olympic Stadium [J]. Wind Engineering, 1980, 2: 925-938.

[83] KIMOTO E, KAWAMURA S. Aerodynamic Behaviour of One - way Type Hanging Roofs [J]. Journal of Wind Engineering & Industrial Aerodynamics, 1983, 13 (1-3): 395-405.

[84] Y Uematsu, 内山和夫. Wind - induced Dynamic Behavior of an H. P. - Shaped Suspended Roof [C]. Summaries of Technical Papers of Meeting Architectural Institute of Japan B. Architectural Institute of Japan, 1986.

[85] HUBNER B, WALHORN E and DINKLER D. Simultaneous Solution to the Interaction of Wind Flow and Lightweight Membrane Structures [C]. Proc. Int. Conf. On Lightweight Structures in Civil Engineering, Warsaw, 2002.

[86] 刘振华. 膜结构流体—结构耦合作用风致动力响应数值模拟研究 [D]. 上海: 同济大学博士学位论文, 2006.

[87] KALRO V, TEZDUYAR T E. A Parallel 3D Computational Method for Fluid - Structure Interactions in Parachute Systems [J]. Comput. Meths. Appl. Mech. Engrg., 2000, 190 (3/4): 321-332.

[88] HUGHES T, LIU W K, ZIMMERMANN T K. Lagrangian - Eulerian Finite Element Formulation for Incompressible Viscous Flows [J]. Comput. Meths. Appl. Mech. Engrg., 2016, 29 (3): 329-349.

[89] OPSTAL T, BRUMMELEN E, BORST R D, et al. A Finite - element/Boundary - element Method for Large - displacement fluid - structure Interaction [J]. Computational Mechanics, 2012, 50 (6): 779-788.

[90] 滕佳俊, 沈平. 现代桥梁建筑设计 [M]. 北京: 人民交通出版社, 2008.

[91] THOMSON W T, DAHLEH M D. Theory of Vibration with Applications [M]. Beijing: Tsinghua University Press, 2005.

[92] 中华人民共和国住房和城乡建设部. 复合地基技术规范 (GB/T 50783-2012) [S]. 北京: 中国计划出版社, 2012.